지은이  공익인권법재단 공감

인권 사각지대에 놓인 사람들의 목소리를 대변해 온 공감은 국내 처음으로 등장한 비영리 '전업 공익 변호사' 단체이다. 수임료를 받지 않고 영리 활동도 없이, 100퍼센트 기부로 운영된다. 2004년 아름다운재단 베란다에 책상 네 개를 놓고 출발한 공감은, 지난 10년 동안 이주노동자, 비정규직 노동자, 여성, 성소수자, 난민, 노숙인, 철거민 등 법의 보호망 밖으로 밀려난 이들의 든든한 '변호사 친구' 역할을 해 왔다. 공익소송, 법률자문, 입법운동 등 다양한 법률 활동을 통해 공익과 인권의 경계를 넓혀 왔으며, 사회적으로 의미 있는 판결과 법제 개선을 다수 이끌어 냈다. 법률 서비스의 문턱을 낮추고 '법률 활동가'를 자처하는 공감의 행보는 새로운 변호사 활동의 모델을 제시하며 '공익변호사' 시대를 개척해 가고 있다. 2010년 법조언론인클럽 선정 '올해의 법조인 상', 2013년 대한변호사협회 선정 '제1회 변호사공익대상'을 받았다.


2013년 12월 13일 초판 1쇄 발행
2018년  3월 16일 초판 5쇄 발행

지은이  공익인권법재단 공감
펴낸곳  부키(주)
펴낸이  박윤우
등록일  2012년 9월 27일
등록번호  제312-2012-000045호
주소  03785 서울 서대문구 신촌로3길 15 산성빌딩 6층
전화  02) 325-0846
팩스  02) 3141-4066
홈페이지  www.bookie.co.kr
이메일  webmaster@bookie.co.kr
ISBN  978-89-6051-360-0  03300


책값은 뒤표지에 있습니다.
잘못된 책은 구입하신 서점에서 바꿔 드립니다.

# 우리는 희망을 변론한다

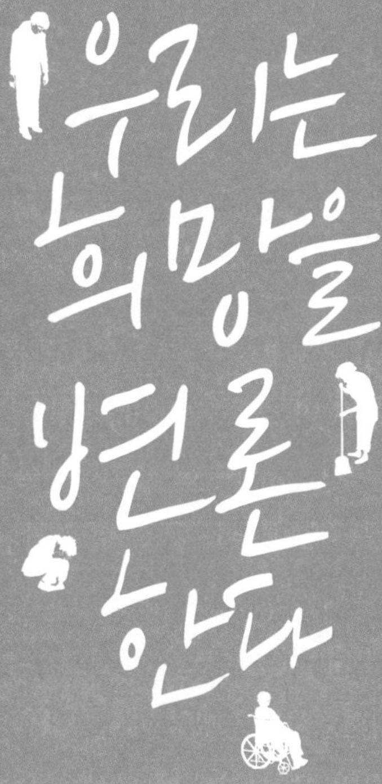

공익인권법재단 공감 지음

부·키

# 나의 가장 자랑스러운 법조인 후배들에게

박원순 · 서울특별시장

지금으로부터 딱 10년 전 여름이었습니다. 졸업을 앞둔 사법연수생이 제게 메일을 보내 왔습니다. '공익변호사를 하고 싶은데 길을 모르겠다'는 내용이었습니다. 저는 '옳다구나!' 하고 바로 만나자고 했지요. 처음 만난 날, 눈이 유난히 빛나던 그 청년을 저는 바로 채용했습니다. 행여 마음이 변할까, 속전속결로 해치운 것이죠.

아름다운재단 내에 공익변호사팀을 만들 계획이었습니다. 당시까지는 이름만 있고 돈은 없던 '공익변호사기금'에 막상 사람이 들어오니 돈이 모이더군요. 그게 바로 '공익변호사그룹 공감', 아니 '공익인권법재단 공감'의 시작이었습니다. 눈빛이 유난히 반짝였던 그 연수생이 바로 염형국 변호사입니다. 당시 결혼도 했고 아이도 있는 사람이었다는 것을 제가 뒤늦게 알게 된 것이 얼마나 다행인지 모릅니다.

법조인에게 인권은 기본 중의 기본입니다. 작고한 이돈명 변호사도 말씀하셨듯이 '인권'변호사라는 호칭은 애초에 맞지 않는 표현일지도 모릅니다. 변호사라는 말 속에 이미 공공성이 담겨 있고, 사회적 약자를 변호하는 게 변호사의 사명이니까요. 그러나 언제부턴가 변호사는 돈과 승소를 위해서라면 '흑도 백이라고 하는 사람'처럼 인식되고 있습니다. 세상의 눈을 탓하기 전에 우리 안의 들보를 바라봐야 하는 시점입니다.

이런 세태에도 불구하고, 공익변호사로서 법조인의 첫발을 내디딘 염형국, 김영수, 정정훈, 소라미 '공감'의 원년 멤버들에게 다시 한 번 고마움을 표합니다. 저도 변호사로 일을 하면서 '권인숙 양 고문 사건' '서울대 우 조교 사건' 등 공익적 변론을 해 왔지만, 그래도 늘 부족함을 느꼈습니다. 변호사들이 인권 변호를 위해 민변(민주사회를 위한 변호사모임)으로 모이고, 변협(대한변호사협회)에서도 변호사의 공익 활동을 공식화해 놓았지만, 여전히 부족했습니다. 그보다 더 가까이, 상시적으로 서민들이 찾을 수 있는 변호사가 필요하다고 생각했습니다. 그 오랜 계획을 바로 이 젊은 변호사들이 이뤄 준 것입니다.


꾸준히 성장한 공감은 2013년 '공익인권법재단 공감'으로 다시 태어났습니다. 그동안 기금을 지원했던 아름다운재단에서 독립해 스스로 모든 것을 해결합니다. 이것은 공감의 성장일 뿐 아니라 우리 법조계의 경사요, 우리 사회에 축복과도 같은 일이라고 생각합니다. 어려운 일이 생겼을 때 수임료 생각하지 않고 찾아갈 수 있는 변호사가 있다는 게, 억울한 일이 있을 때 달려갈 수 있는 친구 같은 변호사가 있다는 게 얼마나 든든한 일입니까.

지난 10년 공감은 이주노동자와 다문화가정, 비정규직노동자, 성폭력

피해여성 등 우리 사회의 가장 낮은 목소리를 대변해 왔습니다. 앞으로도 어려운 이들에게 가장 든든한 '빽'이 되길 바랍니다. 나의 가장 자랑스러운 법조인 후배들인 공감 변호사들을 늘 응원합니다.

여러분이 자랑스럽습니다.

 우리는 희망을 변론한다

# 작은 공감에서 커다란 공명共鳴으로

**공감은** 비영리＋전업＋공익＋변호사＋모임이다.

물론 공감이 있기 전에도 공익 활동을 하는 변호사는 많았고, 지금도 점점 늘고 있다. 하지만 공익 변론을 '전업'으로 하는 '비영리' 변호사 단체는 공감이 국내에서 처음이었다. 무료 봉사 성격의 '파트타임' 공익 활동을 넘어 '전업 공익변호사'를 요구하기 시작한 시대적 흐름에 발맞춰 공감이 등장한 것이다.

공감은 정부의 지원금에 전혀 기대지 않고, 개인과 로펌 등의 기부로만 운영된다. 영리 활동도 하지 않는다. 우리도 보통사람들이라 법조인에게 보장된다는 부나 특권이 싫지만은 않다. 하지만 공감 변호사들은 조금은 다른 '북소리'를 듣는다. 법을 무기로 힘없고 소외된 사람들의 삶을 돌보겠다는 꿈을 품고 우리 사회의 가장 낮은 곳에 임해 왔다.

우리는 공익＋인권＋법＋재단＋공감이다.

'공익'이란 개인의 이익이 아닌 동시대를 살아가는 우리 모두의 이익을 추구하는 것이다. '인권'을 위해 일한다는 것은 스스로 목소리를 낼 수 없는 사람들의 소리 없는 아우성을 듣고 응답하는 일이다. '법'은 테두리요, 열려 있어야 한다. 테두리 밖으로 밀려나 마땅히 누려야 할 권리를 빼앗긴 이들을 위해 그 경계를 넓히고 모두를 품어야 한다. 이러한 가치를 지향하는 변호사들이 뭉쳐 '재단'이라는 형태로 일하고 있다. 우리가 가려는 길을 응원하는 기부자들이 있는 한, 구성원이 바뀌고 제도가 바뀌어도 공감이라는 조직은 오래 지속될 수 있다.

여기에 가장 필요한 것이 바로 '공감'이다. 우리는 모두 연결된 존재요, 누구나 인권을 갖는다는 외침에 사회 전체가 공명(共鳴)하는 일은 작은 '공감'에서 비롯된다.


애초에 공익과 인권, 사회정의 같은 대의를 좇아 출발했지만, 공감이 지난 10년간 꾸준히 성장하고 활동할 수 있었던 것은 이런 거창한 대의 때문이 아니라 함께해 온 '사람'들 덕분이다. 공감이라는 공간에서 고락을 같이한 동료들, 나눔을 실천해 주신 기부자들, 인권 현장을 지켜 온 활동가들, 공감을 찾아 준 수많은 자원활동가들, 그리고 공감에 손 내밀고 용감하게 목소리를 내 준 인권 침해 당사자들이 있었기에 공감이 지금에 이를 수 있었다.

'국내 최초'라는 타이틀 때문에 일이 몰리기도 하고, 과대 포장되기도 하고, 막중한 의무감을 느끼기도 했다. 하지만 혼자가 아닌 수많은 사람들과 함께 걸어 왔기에 과하지도 덜하지도 않게 공감의 역할을 다할 수 있었다. 게다가 공감이 활동을 시작한 이후로 다양한 공익변호사 단체들이 속속 생기고 있다. 무척 반가운 일이다.

 우리는 희망을 변론한다

2014년 1월이면 아름다운재단 사무실 베란다에서 출발한 공감이 어느 덧 열 돌을 곧 맞이한다. 그동안 법을 도구로 공익과 인권의 가치를 지향하며 소수자 및 사회적 약자와의 '공감'을 통해 희망 그리기를 해 왔다. 그러는 동안 함께 울고 웃었던, 뜨겁게 연대하고 치열하게 싸웠던, 때론 뭉클하고 안타까웠던 순간들을 나누고 싶었다. 공감의 출발과 지향, 그간의 고군분투, 공익변호사로서의 삶, 무엇보다 독자들과 나누고 싶은 우리 시대의 인권 이야기를 진솔하게 담으려 노력했다.

공감이 미력하나마 우리 사회의 인권 향상을 위해 기여한 바가 있다면, 이는 오롯이 함께해 준 많은 사람들 덕분이다. 더 나은 사회를 만들기 위해 애써 온 모두와 변함없이 이 길을 걷고 싶다. 이 책을 읽는 독자 여러분도 그 길에서 만나고 싶다.

# 1부
# 소외된 사람들의 로펌을 만들다

## — 법도 인권도 아직은 미완성 … 021

홀로 몽골로 쫓겨난 열일곱 살 민수 | 엄마 얼굴도 못 보고 5일 만에 강제출국 | 국제협약 이행 요구가 감성적이라니요 | 만만한 변호사 친구, 공감

## — '공감'으로 세상 바꾸기 … 030

법조계의 블루오션은 따로 있다?! | 낮은 곳에 임하는 변호사가 되겠습니다 | 국내 최초의 전업 공익변호사 그룹 탄생 | 커피 대접도 설거지도 변호사가 직접 | 늘 현장 가까이에 있겠습니다 | 법은 테두리, 누구에게나 열려 있어야 | 시민들과의 공감, 풀뿌리 모금

★ 낮은 곳으로 임하는 변호사들: 우리나라 인권 변론의 역사 … 048

# 2부
## 인권, 소리 없는 아우성

# 공감 변호사를 소개합니다

**박영아**  우리 아이들이 사는 세상이 우리가 사는 세상보다 나아져야 한다는 생각에 이끌려 공감에 왔습니다. 3년이 지난 지금 더 나은 세상을 만들기 위해 정말 기여하고 있는지 스스로 돌아봅니다. 주로 난민, 이주아동의 인권, 그리고 빈곤과 복지 관련 일을 하고 있습니다.

**소라미**  공감에서 온 30대를 보냈고, 엄마가 되었고, 그리고 불혹을 맞이했다. 그동안 내 안의 무지와 편견을 끊임없이 마주하며 스스로 조금은 변했다고 믿는다. 모든 사람들이 더불어 꿈꾸고 도전할 수 있는 사람다운 세상이 오리라 믿고 싶다. 여성 인권, 특히 이주여성, 아동 인권을 주로 다뤄 왔다.

**염형국**  공감에서 지난 10년간 너무나 많이 배우고 성장했지만, 앞으로도 늘 배우고 성장하고 싶다. 무엇보다 우리 모두가 행복한 사회를 만드는 데 일조하고 싶다. 공감에서 장애인 인권, 공익 활동 중개 등을 맡아 왔다.

**윤지영**  무엇보다 좋은 사람들을 만날 수 있음에 감사합니다. 함께한 모든 사람이 제게는 스승이었습니다. 동시에 변호사라는 자격 때문에 더 많은 관심과 격려를 누리고 있는 것은 아닌지 반성해 봅니다. 공감에



우리는 희망을 변론한다

서는 노동 인권과 동포 문제를 담당하고 있습니다.

 장서연  '키 큰 나무숲을 지나면 키가 커진다'는 말이 있듯이, 좋은 동료들 덕분에 키가 한 뼘 자란 것 같다. 소수자 인권, 국가 폭력 문제에 관심이 있으며, 공감에서 이주민, 출입국, 구금시설 문제, 성소수자, HIV/AIDS 감염인 인권에 관한 일을 주로 하고 있다.

차혜령  '100퍼센트의 공감이란 있을 수 없다, 타인과 타인의 경험을 온전히 이해하는 것은 애초 불가능하다'라고 생각하는 9년차 변호사. 공감에서 그 불가능에 끝없이 도전할 수 있어 즐겁다. 여성 인권, 주거권, '기타 등등'을 맡고 있다. 

 황필규  '인권, 자유와 평등을 향한 끝없는 여로'에 함께하는 분들이 있기에 공감이, 제가 존재합니다. 끝이 없는 길이기에 끝까지 갈 수 있다는 생각으로 꿈꾸는 하루하루를 살고자 합니다. 국제 인권, 이주민, 난민, 아동, 기업과 인권 등을 고민합니다.

# 1부 소외된 사람들의 로펌을 만들다

## 홀로 몽골로 쫓겨난
## 열일곱 살 민수

2012년 10월, 공감 사무실로 다급한 목소리의 전화가 한 통 걸려 왔다. 부모가 체류 자격이 없는 '미등록' 이주노동자인 고등학교 1학년생이 외국인 구금 시설에 갇혀 강제출국을 당할 처지에 놓였단다. 학생의 담임 선생님이 도움을 요청하려고 건 전화였다.

"문제 한 번 일으킨 적 없는 모범생이에요. 3년 치 장학금까지 받기로 되어 있던 아이인데…."

민수(가명)는 몽골 출신으로, 이주노동자인 부모를 따라 10년 전 한국에 왔다. 줄곧 한국 학교에 다니며 한국 아이처럼 자랐고, 늘 밝고 성실한 학생이었다. 하지만 미등록인 신분 탓에 늘 언제 쫓겨날지 모른다는 불안감 속에 살아야 했다.

"몽골 새끼!"

10월 1일 저녁, 민수는 모처럼 친구들과 어울려 거리를 걷고 있었다. 지나가던 한국 학생들이 대뜸 욕을 했고, 순식간에 싸움이 벌어졌다. 뒤에서 걷던 민수는 영문도 모른 채 달려와 싸움을 말렸다. 누군가의 신고로 경찰이 출동했다. 싸우던 친구들은 순식간에 흩어졌는데 민수는 그냥 서 있었다.

현장에 있던 한국 학생이 "얘는 안 싸웠어요"라고 말했지만 경찰은 민수를 연행해 갔다. 친구들이 다 올 때까지 경찰서에 있어야 한다며 휴대폰을 압수하고, 학생증을 제시했음에도 굳이 출입국 기록을 조회했다. '미등록 이주아동'이라는 신분이 드러났다.

새벽 3시, 민수의 연락을 받은 몽골 친구가 경찰서에 왔다. 이번에는 통역을 해야 했다. 경찰은 통역을 잘하면 내보내 주겠다고 했고, 민수는 그 말을 철석같이 믿어 밤새 수사를 도왔다. 조사를 마친 친구들은 "미안하다"는 말을 남긴 채 돌아갔지만, 경찰은 민수를 돌려보내는 대신 아침 일찍 출입국관리사무소로 넘겨 버렸다. 그곳에서 곧바로 강제출국 명령이 내려졌다.

민수는 수갑을 찬 채 화성외국인보호소*로 이송되었다. 말이 좋아 '보호소'지 감옥이나 다름없는 그곳에 성인 외국인들과 함께 구금되었다. 시계는 정오를 알리고 있었다. 민수의 부모는 신분 탓에 차마 아들을 면회하지도 못하고 보호소 주변을 맴돌 수밖에 없었다.

이틀 후 평소에 알고 지내던 목사님이 보호자로 나서, 강제출국 명령에

---

* 체류 자격 없이 미등록 상태로 거주하는 외국인을 강제퇴거하기 위해 출국 절차를 준비하는 동안 일시로 수용하는 곳으로, 법무부 산하기관이다.

     우리는 희망을 변론한다

대한 이의 신청과 일시보호해제 신청을 했다. 담당 공무원들은 민수와 보호자에게 '이의 신청 결과가 나오기까지 두 달이 더 걸릴 수 있다' '잠시 보호소에서 나간다 해도 어차피 곧 출국해야 한다' '고등학교 졸업은 이미 어렵다' '보증금 2000만 원이 필요하다' '3년 후면 돌아올 수 있다' 등의 부정확한 정보를 흘리며 사실상 출국을 종용했다.

"여기서 두 달이나 더 있는 건 상상도 할 수 없어요. 게다가 부모님이 2000만 원을 마련하는 게 힘들다는 것도 알고요. 내가 가는 게 여러 사람의 괴로움을 덜 것 같아요."

결국 민수는 이의 신청을 취소했고, 다음 날 수갑을 찬 채 인천국제공항으로 이송되었다.


## 엄마 얼굴도 못 보고<br>5일 만에 강제출국

선생님의 전화를 받고 나서 우리는 여기저기 연락해 자문을 구하고 있었다. 그러는 사이 선생님으로부터 다시 연락이 왔다. 기운 없는 목소리로, 민수가 출국하기로 했단다. 아무 죄 없이 경찰에 연행된 열일곱 살 아이가 부모조차 만나지 못하고 팽개쳐지듯 몽골로 추방당하기까지, 겨우 5일이 걸렸다. 어떻게 손쓸 도리조차 없이, 모든 것이 '법대로' 조속히 처리되었다.

선생님은 포기하지 않고 국가인권위원회(인권위)와 이주민 단체의 문을 두드렸다. 민수는 미성년자다. 아무리 미등록 신분이라고 해도 한창 배우고 보호받아야 할 청소년이 그런 식으로 이 나라에서 내쫓기는 걸 보고

국가인권위원회 앞에서 기자회견을 하고 있는 소라미 변호사.

만 있을 수는 없었다. 단체에서 공감에 연락해 왔고, 강제출국 이후 과연 무얼 할 수 있을까 회의에 빠져 있던 공감은 다시 마음을 가다듬을 수 있었다. 공감은 서둘러 인권단체들과 함께 인권위에 진정서를 제출하고 기자회견을 가졌다. 민수의 출국 과정에서 드러난 불법 수사와 인권 침해 문제에 대해 조사를 촉구하고, 무엇보다 민수가 다시 한국에 돌아와 학업을 이어갈 수 있도록 구제를 요청했다.

「유엔아동권리협약」은 '아동은 특별히 보호받아야 하고, 자유와 존엄성이 보장되는 조건 속에서 자랄 수 있도록 모든 기회와 편의가 제공되어야 한다'는 원칙을 제시하고 있다(여기서 아동이란 18세 미만까지로, 청소년을 포함한다). 많은 국가가 이에 따라 이주아동에게는 성인과 달리 '특별한' 권리를 보장한다. 우리나라는 1991년에 이미 「유엔아동권리협약」을 비준했음에도 불구하고, 미등록 이주아동에 대해서는 가장 기본적인 거주



우리는 희망을 변론한다

권과 교육권조차 보장하지 않고 있다. 아이들의 권리를 넓게 인정하면 부모가 이를 악용해 불법 체류가 늘어날 거라고 보기 때문이다.

## 국제협약 이행 요구가 감성적이라니요

2013년 4월, 사건 해결을 모색하기 위해 국회인권포럼 등의 공동주최로 토론회가 열렸다. 공감의 변호사들도 참석해 수사와 추방 과정에 나타난 인권 침해 문제를 지적하고, 이주아동의 기본권을 「유엔아동권리협약」에 준해 법으로 명시해 줄 것을 주장했다.

그러나 이날 정부 측 토론자로 나선 법무부 관계자는 "남의 나라에 불법으로 있었으면 미안한 줄 알아야 한다" "인권 감수성 못지않게 불법 감수성도 중요하다" 등의 발언으로 정부가 이 사건을 어떤 자세로 받아들이고 있는지, 왜 이 문제가 반년 넘게 해결되지 못하고 있는지 여실히 보여 주었다. 심지어 그는 국가가 이미 비준한 협약에 따라 이주아동의 권리를 보장하자는 호소에 대해 "감성적으로 접근하지 말라"고 비난했다.

이때, 역시 토론자로 앉아 있던 한 인권단체 대표가 담담한 목소리로 말했다.

"그것은 감성이라 하지 않고 인권이라 합니다."

민수가 이주아동이 아니라 한국 아동이었어도 보호자에게 연락조차 하지 않고 밤새 경찰서에 임의동행을 빙자해 가둬 둘 수 있었을까? 그렇

민수 사건의 해결을 모색하기 위해 열린 토론회에 참석한 소라미 변호사와 황필규 변호사(오른쪽에서 차례로).

게 하루아침에 아이 혼자 쫓아냈을까?

지금 이 순간에도 많은 이주아동들이 차별에 시달리고 불안에 떨며 살아간다. 눈치 보느라 아이 답지 않게 숨죽인 채, 불확실한 현실에 꿈조차 꾸지 못한다. 하지만 그 작은 마음에도 '사람답게 살고 싶다'는 바람이 요동치고 있다. 그 소리 없는 아우성이 바로 인권이다.

인간이기 때문에 당연히 가지는 권리, 사람이 사람답게 살아가기 위해서라면 반드시 누구에게나 보장되어야 하는 권리가 인권이다. 하지만 힘이 없고, 돈이 없고, 장애가 있다는 이유로, 때로는 어리다는 이유로, 여자라는 이유로, 못사는 나라에서 왔다는 이유로, 성적 지향이 남들과 다르다는 이유로, 그 밖에도 수많은 이유로 인간의 기본적 권리를 누리지 못하는 사람이 여전히 많다.

당장에야 내가 그 범주에 들지 않는다고 그들의 소리 없는 아우성을 모

　　　　　　　　　　　　우리는 희망을 변론한다

른 체할 수 있겠지만, 언제 어떤 이유로 나 역시 속수무책 내 권리를 빼앗길지 알 수 없는 일이다. 그때 사람들의 선처나 동정심에 호소하지 않고, 당당하게 나의 권리를 주장할 수 있기를 바라는 마음은 모두 같지 않을까? 인권 감수성을 갖는다는 것은, 내가 원하는 것은 다른 사람도 원하는 것이고 내가 원치 않는 것은 다른 사람도 원치 않는다는 것을 느끼는 일이다. 값싼 동정심과는 전혀 다른 이야기다.

# 만만한 변호사 친구,
# 공감

2013년 7월, 인권위 결정이 내려졌다. 인권위는 "미등록 이주아동이 부모와 떨어져서 퇴거당하는 일은 인권 침해"라고 발표했다. 그리고 법무부 장관에게 「유엔아동권리협약」에 따라 적절한 구제 조치를 취할 것과, 이 같은 사례가 다시 발생하지 않도록 제도를 개선하고 재발 방지 대책을 수립하라고 권고했다.

10월에는 법무부의 입장 표명이 있었다. 미등록 이주아동이 고등학교 졸업 시까지 학업을 계속할 수 있도록 단속을 자제하고 적발 시에도 학생과 부모에 대한 강제출국 집행을 유예한다는 내용이었다. 민수에 대해서는 국내 대학으로부터 입학 허가를 받고 학업을 계속하기를 희망할 경우 인도적 차원에서 입국을 허용하겠다는 내용도 포함되었다.

인권위의 권고는 물론이고 법무부의 입장 표명도 법적 구속력을 갖지 못한다. 그러한 입장이 현실에서 얼마나 반영되고 어떻게 운영될지는 미지수다. 앞으로도 여러 인권단체와 공감은 끈질기게 관련 법령을 바꾸기

우리나라는 1991년에 이미 「유엔아동권리협약」을 비준했음에도 불구하고, 미등록 이주아동에 대해서는 가장 기본적인 교육권과 거주권조차 보장하지 않고 있다.

위해 싸워야 할 것이다. 그렇다고 하더라도 우리는 이 결정을 환영하고 서로를 격려한다. 인권이란 이렇듯 한 걸음씩 그 영역을 넓혀 온 것이지 처음부터 주어졌던 것이 아니기 때문이다.

"대학생 친구가 있으면 좋겠다"며 혼자 노동법을 읽던 전태일이 분신한 지 40년이 지났건만, 여전히 법의 테두리 밖에 내몰린 수많은 이들이 존재한다. 법률 서비스의 문턱이 너무 높아서, 이미 존재하는 법이 불합리해서 피해를 받는 것은 늘 돈 없고 힘없는 이들이다.

그들이 바로 공감이 함께하는 사람들이다. 낮고 외로운 사람들에게 변호사 친구가 되어 주고 싶은 마음으로 젊은 변호사늘이 뭉져 공감을 만들었다. '비영리 인권 변론을 전업으로 한다니, 1년이나 버틸까?' 하는 우

                                    우리는 희망을 변론한다

려 속에서 꿋꿋하게 출사표를 던졌는데, 어느 새 10년째를 맞는다. 그동안의 좌충우돌, 치열했던 모색의 시간은 공감 변호사들에게는 물론 우리 사회에도 작지만 의미 있는 변화를 가져왔다고 믿는다. 여기에 그 이야기를 풀어 놓아 보려 한다.

## 법조계의 블루오션은
## 따로 있다?!

2002년 어느 봄날, 사법연수원에서 박원순 변호사(현 서울시장, 당시에는 참
여연대를 거쳐 아름다운재단 상임이사로 재직하고 있었다)의 특강이 있었다. 그는
가벼운 농담으로 강의를 시작했다.

"여기 동네 어귀에 플랜카드 걸린 사람 있지요? 사실 축하 플랜카드가
아니라 근조 현수막 걸어야 합니다. 일에 주어진 책임감이 얼마나 막중합
니까. 게다가 일은 또 얼마나 많아요. 사법시험 합격하면 고생길에 들어
선 거니 축하할 일이 아니에요."

연수생들이 웃음을 터뜨렸다.

"판사, 검사, 잘나가는 로펌 변호사가 되려면 여전히 치열한 경쟁을 겪
어야 하지요. 한마디로 레드오션인 겁니다. 그래서 저는 여러분에게 블루

 우리는 희망을 변론한다

오션을 하나 소개할까 합니다.”

이번에는 눈들이 초롱초롱해졌다. 법조계의 블루오션이라니?

“바로 공익변호사입니다. 시민단체에는 변호사가 많이 필요합니다. 그런데 일할 변호사가 없지요. 지금 공익 전담 변호사가 된다면 여러분은 새로운 직업 세계를 개척하는 선두주자가 되는 겁니다. 게다가 무엇과도 바꿀 수 없는 큰 보람과 가치를 경험하게 되지요. 공익 전담 변호사는 법조계의 블루오션입니다.”

박원순 자신이 처음으로 시민단체에 출근한 변호사로서 시민운동에 새바람을 일으킨 주역이었기에 그의 이야기는 여러 연수생의 마음을 흔들었다. 1년차 사법연수생으로서 그 자리에 있었던 염형국 변호사 역시 깊은 인상을 받았다.

그로부터 1년여가 흘러 사법연수원을 졸업할 즈음, 염 변호사는 시민단체에서 공익변호사로 일하기로 마음을 굳혔다. 하지만 어디서부터 시작해야 할지 막막하던 차에 문득 박원순 변호사 생각이 났다. 조언이라도 구할 심정으로 정성껏 자기소개와 포부를 담아 메일을 보냈더니, 흔쾌히 한번 만나자는 답장이 돌아왔다.

## 낮은 곳에 임하는 변호사가 되겠습니다

박원순 변호사는 처음 만난 날 그 자리에서 염 변호사를 채용했다. 우리 사회에도 공익 활동에만 전념할 수 있는 변호사 조직이 필요하다고 생각하고 있던 그는 블루오션에 직접 배 한 척을 띄우기로 했다. 그는 염 변호사에게 아름다운재단 내에 공익변호사기금을 마련할 테니 '공익변호사 팀'을 만들어 일해 보자고 제안했다. 생각지도 않게 갑자기 취직이 된 염 변호사는 조금 어리둥절했지만, 멋진 일이 될 것 같았다.

얼마 후 사법연수원 홈페이지에 구인 공고가 올라왔다.

낮은 곳에 임하는 용기로 소외된 희망을 되살리겠습니다.
가난한 이들의 로펌을 만들겠습니다.

이 공고를 보고 사법연수원을 졸업한 젊은 법조인 세 명이 합류했다. 김영수, 정정훈, 소라미, 그리고 염형국. 이들은 아름다운재단 2층 베란다 에 책상 네 개를 놓고 일을 시작했다.

처음에는 모든 것이 생소하고 어려웠다. 출근은 했지만 아무 것도 정해 져 있지 않았다. 초짜 변호사 넷이서 머리를 맞대고 모든 문제를 결정해 야 했다. 팀 이름에서부터 조직의 성격 규정, 미션 수립, 사업 계획에 이르 기까지… 덕분에 첫 한 달은 매일 회의만 대여섯 시간씩 했다. 그때만 해 도 공익 활동만을 전업으로 하는 비영리 변호사 조직이 전무했기 때문에 참고할 모델이 없어 무척 애를 먹었다.

동료들은 착하다는 점 빼고는 어쩌면 그리 다른지! 각자의 어법을 이 해하는 데만도 한참이 걸렸다. 그렇게 다들 여러 모로 미숙했지만 우리 스스로 그림을 그려 나간다는 것이 뿌듯하고 즐거웠다.

이름을 짓던 날도 다양한 의견이 오가느라 회의가 다섯 시간 넘게 이어 졌다. 그러다 누군가의 입에서 "공감, 어때요?"라는 말이 나왔다. 모두 그 말이 전하는 울림에 공명했던 것 같다. 신영복 선생은 "입장의 동일함, 그

   우리는 희망을 변론한다

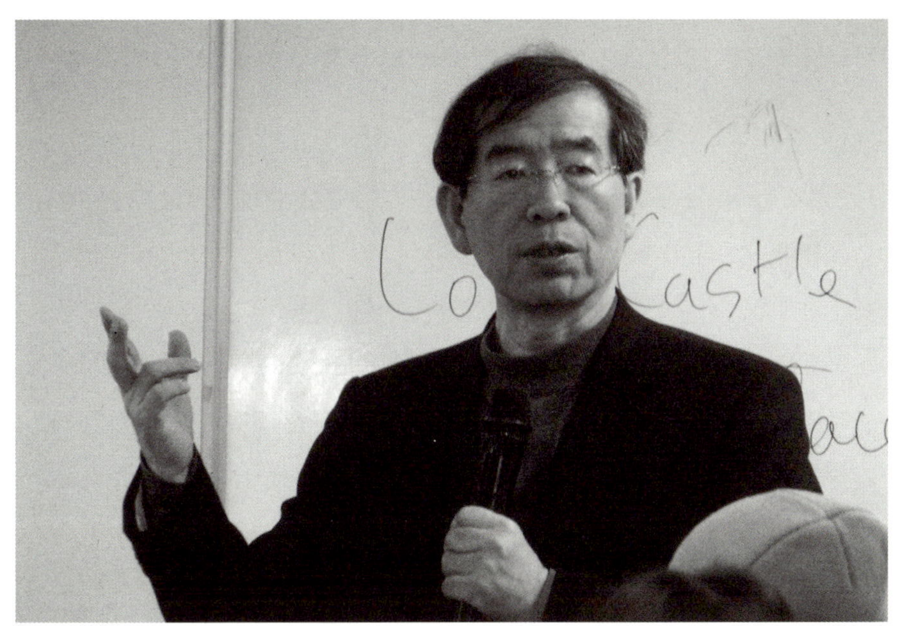

"스스로를 변론할 수 없는 사람들을 위한 법조인이 되면 얼마나 좋을까요?" 공감이 주최한 인권법 캠프에서 '인권과 변호사'라는 주제로 강의하고 있는 박원순 변호사. 그는 공익변호사를 두고 "한 사회의 정상성을 회복하려면 꼭 필요한 사람들"이라고 말한다.

것은 관계의 최고 형태"라고 하셨다. 사회로부터 소외당한 억울하고 외로운 이들을 위해 일하는 데 있어 공감만 한 미덕이 또 있을까?

## 국내 최초의 전업 공익변호사 그룹 탄생

2004년 1월, '공익변호사그룹 공감'이 드디어 문을 열었다.

국내 최초의 비영리, 전업, 공익변호사 그룹.

전에 없던 스타일의 조직이 등장한 것이다. 물론 이전에도 공익 변호 활동을 하는 이들이 있었지만, 대개는 개인 변호사 사무실을 운영하거나 로펌에 소속되어 일하면서 부수적으로 공익 활동을 했다. 쉽게 말하자면 '재능 기부'나 '봉사'에 가까웠다. 반면 공감 변호사들은 공익 변호를 전업이자 전문 영역으로 삼는다.

업계 내부에서도 많은 관심과 우려가 쏟아졌다.

'공익 변호를 봉사가 아니라 본업으로 하다니?'

'돈 버는 일을 해야 좋은 일도 계속할 수 있지 않을까?'

'수임료를 전혀 받지 않으면 어떻게 먹고살려고?'

공감은 의뢰인으로부터 수임료를 전혀 받지 않는다. 소송비용도 공감이 부담한다. 애초에 100퍼센트 기부로 운영되는 비영리 조직으로 출발했고, 그 원칙은 지금도 여전하다. 처음부터 무수임료, 비영리 원칙을 가지고 공익 활동을 시작할 수 있었던 것은 아름다운재단의 공익변호사기금이 있었기에 가능했다. 아름다운재단은 시민들을 상대로 소액 기부 캠페인을 벌이고, 모금한 돈을 소외 계층과 공익 활동을 위해 쓰는 곳이다.

시민들이 내놓은 기부금이 모여 공감의 든든한 기반이 되어 주었다. 여유롭진 않았지만 임금 체불 한 번 없이 여기까지 왔고, 그러는 사이 상근 변호사 수는 두 배 가까이 늘었다.

공감 변호사의 영리 활동은 일체 금지다. 이 책을 쓰고 받게 될 인세도 물론 공감의 통장으로 들어갈 것이다. 어떻게 먹고 사냐고? 물론 우리도 월급을 받는다. 처음에 연봉 3000만 원으로 정해 두고 시작했는데, 지금도 크게 오르지는 않았다. 2013년 기준으로 변호사 1인당 평균 연봉이 8735만 원이라니, 평균에 한참 못 미치긴 한다. 듣자 하니 업계 최저라는 소문도 있지만, 아무리 그래도 도시 근로자의 평균치는 된다. 먹고 사는 데 지장은 없다는 말씀. 그런데도 주변에서는 공감의 급여 수준을 듣고 우리 자신보다 더 안타까워하거나 마치 성인군자라도 보듯 한다.

그렇다고 우리가 돈 욕심이 아예 없거나, 숭고한 희생정신으로 무장한 사람들도 아니다. 우리는 그저 이 일이 정말 좋고, 하면서 행복하고, 더 많은 보람을 느끼기 때문에 이 자리에 있을 뿐이다. 공감 변호사 중에는 검사 출신도 있고, 로펌 출신도 있다. 하던 일을 그만둔 데에는 각자의 사정이 있겠고 포기한 것도 분명 있겠지만, 보람과 만족만큼은 전과 비교할 수 없다고 입을 모은다.

변호사라고 꼭 돈을 많이 벌어야 하는 걸까? 그런 생각만 내려놓으면 변호사 스스로 직업에서 더 많은 창의성과 보람을 찾을 수 있고, 법률 서비스의 문턱도 낮아질 텐데 말이다.

# 커피 대접도 설거지도
# 변호사가 직접

공감은 시민들이 십시일반 모은 기부금으로 운영되므로 급여뿐 아니라 모든 것에서 거품을 뺀다. 공감의 조직 문화도 그렇다. 특권 의식을 내려놓고 서열 개념도 없앴다. 공감에는 실질적인 대표도 없고 상사와 부하 구분도 없다. 업무의 내용과 사법연수원 기수를 불문하고 동등한 구성원으로서 평등한 공동체를 꾸려 가고 있다.

일할 때는 변호사든 직원이든 자원활동가든 각자 자기 맡은 바를 처리하는 게 원칙. 종로구 원서동에 자리한 공감의 작은 사무실을 처음 찾는 사람들은 살짝 놀라기도 한다. 변호사가 손님을 맞고 음료수를 내오는가 하면, 복사를 하고, 소송 서류에 도장을 찍고, 싱크대에서 설거지를 하고 있으니 말이다.

"변호사가 그런 일도 다 해요?"

사람들에겐 낯설지 몰라도 우리에겐 익숙한 일상이다.

의사결정은 자유로운 토론과 전원합의를 원칙으로 한다. 장기 전망에서부터 연간보고서 표지 디자인에 이르기까지, 시시콜콜 모든 것을 논의한다. 각자의 개성이 빛나다 보니 손쉽게 의견 일치를 보는 경우는 극히 드물다. 웬만한 조직 같으면 싸움이 나거나 편 가르기가 생겼을 법도 한데, 주고받는 언쟁 속에서 오히려 이해와 신뢰가 쌓이니 때론 우리조차 신기해한다. 물론 하도 의견이 모아지지 않아 일이 매끄럽게 진행되지 않을 때도 있다. 그럴 때는 어떡하냐고? 원칙을 포기할 필요야 없다. 우리가 만들고 싶은 '서로 존중하고 더불어 사는 사회'를 안에서부터 실현하겠



우리는 희망을 변론한다

다는 첫 마음을 되새기고, 다시 회의실로 향하면 된다.

## 늘 현장 가까이에 있겠습니다

오랜 논의 끝에 결정한 공감의 첫 사업은 인권단체에 변호사를 파견하는 프로젝트였다. 현장에 나가 함께 발로 뛰겠다는 취지였다. 장애인, 이주노동자, 성매매피해여성, 이주여성 등을 지원하는 단체 11곳이 최종 선정되어 네 명의 변호사가 나눠 맡고, 일주일에 3~4일은 담당 단체로 직접 출근해서 필요한 법률 서비스를 제공했다. 법률 자문, 소송 지원, 제도개선 연구, 법률 매뉴얼 제작 등이 주요 업무였다.

당시 우리는 모두 햇병아리 변호사였기 때문에 무엇이든 배우면서 일한다는 생각으로 임했다. 파견 단체에서 시민운동가와 함께 현장에 가고 시위에도 참여하며 해당 분야의 문제를 몸으로 체험했다. 도움을 주겠다고 찾아갔지만, 사실 배우는 게 더 많았다. 첫 파견 단체와의 인연은 이후 각 변호사의 전문 활동 분야로, 나아가 공감의 전문 영역으로 자연스럽게 자리매김되었다. 파견 사업이 공감이 나아갈 방향을 더욱 뚜렷하게 제시해 주었던 것이다.

변호사 파견은 이후 공감의 대표 사업으로 자리 잡아 3년 동안 이어졌다. 현장에 나가 보니 변호사가 필요한 일이 참 많았다. 수요는 많은데 공급은 턱없이 부족한 상황. 당시 공감이 도운 활동은 해당 영역에서 '첫 법률 활동'인 경우가 대부분이었다. 새로운 일을 만들어 가느라 일과 공부가 산더미처럼 쌓였지만, 힘들기보다는 신바람이 났다. 단체의 실무자들도 실질적인 도움을 많이 받았다며 변호사 파견 사업에 좋은 점수를 주었다. 단체들과 긴밀한 교류를 쌓아 가며 공감 역시 국내 소수자 인권 문제의 중요한 파트너로 성장할 수 있었다.

딱히 실질적 도움을 받지 못했더라도 파견 현장에서 만난 많은 소수자들은 자신의 이야기에 귀 기울여 주는 변호사를 만났다는 것만으로 위안을 얻기도 했다. 알고 지내는 변호사 하나 만들고 싶다는 소박한 바람에서 파견 사업에 신청서를 냈다는 단체도 종종 있었다. 그만큼 기존 변호사의 문턱이 높았던 것이다.

2007년부터는 정기 공모를 통해 일정 기간 동안 변호사를 파견하던 사업을 상시 지원이 가능한 '희망변론 프로젝트'로 확대 개편했다. 지원 시기와 기간을 수시 신청으로 바꾸고, 단체뿐 아니라 개인도 신청할 수 있도록 해 공감의 문턱을 한층 낮췄다.

누구에게나 '만만한 변호사'가 되어 현장 가까이에 있는 것, 공감의 출발점이다.


## 법은 테두리,
## 누구에게나 열려 있어야

공감이 생각하는 법은 '테두리'이다. 테두리란 누구에게나 열려 있어야 하며, 필요하다면 허물고 넓힐 수 있어야 한다. 테두리 안에서 제대로 보호받지 못하는 사회적 약자들을 품는 일도 중요하고, 테두리 자체를 확장하는 일도 그만큼 중요하다. 법률을 잘 활용하는 것은 기본이요, 악법이 있다면 바꾸고 필요한 법이 있다면 새로 만드는 일에도 공감은 팔 걷어

붙이고 나선다.

공감이 하는 일을 구체적으로 들여다보자. 변호사의 수익 구조가 보장되지 않는 영역, 그리고 유권자의 감시나 이해관계가 미칠 수 없는 영역이 공감의 주요 활동 무대이다. 즉, 변호사를 살 형편이 못 되고 아무도 그 목소리에 귀 기울이지 않기에 인권의 사각지대에 놓인 이들을 위해 일한다.

우리가 다루는 문제는 크게 여성 인권 / 장애 인권 / 이주와 난민 / 빈곤과 복지 / 취약노동 / 성소수자 / 국제 인권 / 공익법 일반 / 공익법 중개와 교육 등 아홉 개 영역으로 나눌 수 있고, 법률 지원 형태로 보면 공익소송 및 제도 개선 / 법률 교육 / 공익·인권단체 지원 / 연구조사, 공익 활동 중개 등으로 구별할 수 있다.

## 공익·인권단체와의 협업 시스템

공감 혼자서는 이런 영역의 활동이 결코 가능하지 않다. 공감의 활동 대부분은 현장에서 고군분투하는 여러 인권단체와의 긴밀한 협조 속에서 진행된다. 여성 문제는 여성단체들과, 장애인 문제는 장애인단체들과 협력하는 식이다. 아무래도 공감의 가장 기본적인 업무는 소송을 진행하고 법률 상담과 자문을 해 주는 것인데, 단체에서 요청하거나 소개하는 경우가 많다. 법 개정과 제정을 위한 활동에서도 긴밀히 협력한다. 공감 초기에는 변호사 파견 사업을 통해, 3년간 45개 단체를 선정하여 짧게는 5~6개월, 길게는 1년 동안 집중적인 지원을 했다.

인권단체 활동가들의 법률 전문성을 높이기 위해 법률 교육을 진행하고 일선에서 사용할 수 있는 법률 매뉴얼을 만드는 것도 공감의 일이다. 지적장애인 시설인 교남소망의집과 함께 '장애인 시설 생활자 인권 보장 내규' 제정 작업을 했고, 외국인이주노동자대책협의회와는 '이주노동자 단체 활동가를 위한 법률 매뉴얼'을 만들었다. 더불어 이들 단체의 활동 가들을 대상으로 법률 교육을 진행해 뜨거운 호응을 얻었다. 마찬가지로 노인학대 상담원, 아동학대 상담원 등을 위한 법률 매뉴얼을 만들어 교육 을 실시하기도 했다.

## 공익소송과 제도 개선

공감에서는 개별 피해자 구제에 초점을 맞추기보다 소수자 인권에 있 어 사회적으로 의미 있는 메시지를 던지고 제도 개선과 연결될 수 있는 소송들을 주로 맡아 왔다. 소송을 통해 인권의 경계가 '정말 여기까지인 지?' 질문을 던지고 그 영역을 넓혀 나가기 위해서다. 그 동안 공감이 진 행하고 유의미한 결과를 이끌어 낸 소송 및 입법 활동의 사례로 몇 가지 를 들어 보자.

- 미얀마(버마) 군사 정부에 대항해 민주화 활동을 벌이다 한국으로 망 명 온 활동가들이 난민 불인정 결정을 받은 데 대해 공감이 취소소송 을 대리했고, 결국 대법원까지 가서 승소 판결을 이끌어 냈다. 변호사 가 대리한 관련 사건으로는 최초의 승소 사례였다. 이 사건을 계기로 공감은 난민법 제정 운동을 주도했으며, 2011년 한국은 아시아 최초로 독립된 난민법을 제정했다.



우리는 희망을 변론한다

- 서울 도봉구 주민 8명이 구청을 상대로 '위법하게 인상되어 지급된 지방의원의 의정비를 환수하라'며 낸 부당이득반환청구소송을 대리해 승소했다. 주민소송제도 도입 이래 최초의 승소 판결이었다. 나아가 주민소송이 주민자치의 유용한 수단으로 활용될 수 있도록 사례 위주의 가이드북 『주민소송 사용설명서』(2009, 이매진)를 발간하기도 했다.

- 서초구청 등은 무허가인 비닐하우스촌에 산다는 이유로 장기간 실제 거주한 주민의 주민등록 전입신고 수리를 거부해 왔다. 주소지가 없어서 주민들은 많은 불편과 피해를 겪었다. 2007년 7월 공감, 민주사회를위한변호사모임, 참여연대 등은 비닐하우스촌 주민의 주소지를 찾기 위해 서초구 잔디마을, 강남구 수정마을, 과천 꿀벌마을의 주민대표를 원고로 주민등록전입신고수리거부처분취소소송을 제기했고, 2009년 6월 대법원에서 승소 판결을 받았다.

- 한국 남성이 이주여성을 이용해 아이를 출산하도록 하고 소액의 위자료만 주고 이혼을 한, 일명 '씨받이 사건'이 있었다. 공감에서 이 여성을 대리해 손해배상청구 및 양육권 소송을 진행하고 대부분 승소함으로써, 일부 몰지각한 국제결혼의 행태를 사회에 고발했다.

- 장애우권익문제연구소와 함께 서울메트로를 상대로 양천역사 내 장애인 화장실을 남녀로 분리해 설치할 것 등을 요구하는 소송을 진행했다. 2013년 6월, 법원은 서울메트로에 '양천구청역사 내 장애인 화장실을 남성용과 여성용으로 구분해 설치하라'고 강제조정 결정을 내렸다. 장애인차별금지법에 근거하여 적극적 시정 조치 결정이 내려진 것은 큰 의미가 있다.

- 공감은 광주 인화학교 사건 해결을 위한 '도가니대책위원회'가 꾸려질

당시부터 주도적으로 참여해 사회복지사업법 개정안 마련, 법 개정 토론회 발제, 기자회견 등에 나섰고, 결국 2011년 사회복지사업법 개정안이 통과되어 복지법인에 대한 공익이사 제도가 도입되기에 이른다.

- 2009년 초, 공감은 귀환입양인단체 진실과화해를위한해외입양인모임(TRACK) 등과 함께 국내 입양 관행—정부 차원에서 해외 입양을 장려할 뿐더러 입양인이 친부모 정보에 접근하기 어려웠던—을 개선하기 위해 관련 법안 개정 작업에 들어갔고, 민주당 최영희 의원 발의로 입양특례법 개정안이 2011년 국회에서 통과되었다. 이로써 국내외 입양 모두 법원의 허가가 필요하게 되었으며, 출산 후 1개월의 입양숙려제도 도입되었다.

- 국내 체류하던 외국인이 HIV 양성 판정을 받고 출입국관리소로부터 출국명령을 받았다.[*] 공감에서 그를 대리해 출국명령취소소송을 제기했고, 2009년 대법원까지 가서 승소함으로써 HIV/AIDS 감염인에 대한 사회적 편견을 해소하는 데 유의미한 판결과 인권위 권고를 이끌어냈다.

승소 가능성이 적더라도 사회적 관심을 모으거나 인식을 바꾸기 위해 뜻을 함께하는 사람들을 모아 소송할 때도 있다. 최근 공감이 대리한 헌법소원 청구도 그런 성격을 띠는 기획소송이다.

---

[*] 전염병이라는 이유에서였다. 하지만 세계보건기구 등은 HIV 감염 사실만을 가지고 거주 및 이주의 자유를 제한하는 것은 공중보건의 명목에 의해 정당화될 수 없다는 입장이다. 다수의 유럽 국가에서는 에이즈를 법정전염병으로 규정하지 않고 만성질환 정도로 취급하고 있으며, 오히려 HIV/AIDS 감염인에 대한 사회적 차별을 금지하는 정책을 마련하는 데 힘을 기울이고 있다.

위/ 2007년 비닐하우스촌 실태조사에 나선 염형국 변호사(왼쪽)
와 공감의 자원활동가들.
아래/ 2009년 공감 등의 주최로 열린 '입양법 개정을 위한 공청
회'에서 소라미 변호사가 발표하고 있다. 2011년 6월 입양특례법
이 국회 본회의를 통과했다. 장장 3년간의 노력이 결실을 맺은 것
이다.

• 2013년 5월, 녹색당과 동물보호단체 카라는 '생명과 지구를 살리는 시민소송'을 제기했다. 2010년 구제역 사태 당시 '살처분'이라는 이름으로 수만 마리의 무고한 가축들이 생매장된 일을 반성하고, 문제의 근본적 원인인 '공장식 축산'을 바꾸자는 취지에서 기획된 소송이다. 이런 취지에 공감하는 사람들을 청구인으로 모집했더니 1,129명이나 모였다. 어떤 결과가 나올지는 알 수 없지만, 여러 문제를 야기하는 공장식 축산에 대해 아무런 조치도 취하지 않고 무분별하게 허용하고 장려하는 국가에 대하여 헌법적 책임을 묻는 최초의 소송으로서 주목받고 있다.

## 공익법 연구 및 다양한 실태 조사

변호사라면 통상적으로 법을 찾아 적용하는 것에서 끝나지만 공감 변호사들은 제도 개선과 새로운 입법까지 고려한다. 따라서 법, 제도, 정책에 대한 연구 활동을 꾸준히 진행하고, 여러 단체와 함께 현장으로 나가 인권 실태를 조사하는 일에도 나선다. 이 같은 연구조사 결과를 가지고 언론 홍보 활동을 하고, 인권위에 진정을 하고, 입법 및 행정 기관에 압력을 넣음으로써, 국민 정서나 법 제도에 변화를 가져올 수 있다.

## 공익법 교육과 중개 활동

공감의 지향이 '공익법 활동의 활성화'인 만큼, 가능한 많은 (예비) 법률가의 동참을 이끌어 내기 위해서도 다양한 활동을 한다.

위/ 공감의 인권법 캠프는 예비 법조인들이 인권 감수성을 키우는 공간으로 자리매김하고 있다.
아래/ 공익변호사를 꿈꾸는 예비 법조인을 위해 현장에서 일하고 있는 공익변호사, 로스쿨 교수, 공익단체 상근자 등을 모시고 '공익변호사 활성화를 위한 라운드테이블'을 열었다.

2005년부터 자체적인 대학생 인턴십을 통해 약 400명에 가까운 인턴을 배출해 왔고, 대학생과 로스쿨 학생들을 대상으로 2008년부터 개최한 '인권법 캠프' 역시 인기가 높다. 이밖에도 여러 로스쿨에서 공익법 특강을 진행하고 있으며, 서울대 공익인권법센터와 공동으로 국제 심포지엄을 개최하기도 했다. 다양한 인권 이슈에 관해 대중과 소통하고자 매달 '공감 월례포럼'을 열고 있다.

공익 활동을 중개하는 역할도 빠뜨릴 수 없다. 그동안 공감은 다수의 로펌에 공익·인권 관련 소송이나 법률 지원 업무를 중개하는 '중매쟁이'로 나섰다. 법무법인 충정과 중앙아동보호전문기관 사이의 업무협약을 중개했고, 법무법인 지평과 함께 이주노동자 활동가 법률 매뉴얼 작업 및 법률 교육을 진행한 일이 이에 해당한다. 국내 최초로 '로펌 공익 활동 담당 변호사 간담회'를 마련해 총 4회에 걸쳐 주관하기도 했다.


# 시민들과의 공감, 풀뿌리 모금

2012년 12월은 공감에게 매우 뜻 깊었다. '공익인권법재단 공감'이라는 이름의 독립 재단으로 새 출발을 알린 것이다. 기부로만 얼마나 가겠냐는 우려도 많았지만, 10년째 잘 버텨 왔을 뿐 아니라 자립의 기반까지 마련할 수 있었다.

공감에 유능한 모금 전문가라도 있는 걸까? 물론 아니다. 변호사 7인과 간사 3인이 보인 10명 공감 구성원 모두가 모금 담당자이다. 초창기에는 사법연수원 마당에서 홍보 활동을 하고, 변호사 송년모임이 열리는 호텔

2012년 12월, '공익인권법재단 공감'이라는 이름의 독립 재단으로 새 출발을 알렸다. 사진은 2013년 1월 창립 기념 행사에서 합창을 선보이는 공감 식구들의 모습.

입구에서 모금 행사를 벌이는 등의 눈물겨운 노력이 있었다. 그러다 점점 공감의 활동이 알려지고 좋은 평가를 받으며 개인 기부가 꾸준히 늘었다. 공감 초기에는 개인 기부 비중이 5퍼센트에 불과했지만, 이제는 70퍼센트에 육박한다. 이처럼 풀뿌리 모금에 기초한 공익변호사 단체는 세계에서도 전례를 찾기 어렵다. 아시아 지역 공익인권변호사 단체들 대부분은 외국 재단이나 종교 단체, 정부 등에 의존한다. 미국의 경우에는 거액 기부나 대규모 모금 행사에 기대고 있다.

소송으로 인한 수익이나 정부나 대기업의 지원에 기대지 않는 공감의 구조는 기득권의 영향력에서 벗어나 우리가 뜻한 바를 밀고 나갈 수 있는 힘을 준다. 공감은 앞으로도 개인들의 풀뿌리 모금으로 유지되는 조직을 꿈꾼다. 더 많은 보통 사람들이 우리의 활동에 '공감'해 주는 일이야말로 세상이 바뀔 수 있다는 희망의 증거가 되어 줄 것이기에.

# 낮은 곳으로 임하는 변호사들[*]

## 일제강점기, 독립운동을 변호하다

우리나라에 변호사제도가 시작된 것은 1905년 변호사법이 제정되면서부터다. 변호사 이전에도 민형사소송에 대인(代人)제도가 있었지만 서구식 변호사가 등장한 것은 이때가 처음이다. 법에 따라 1907년 최초로 변호사 시험이 치러졌고, 6명이 합격했다.

변호사는 일제강점기에 들어서며 법률가로서 식민통치의 관료가 되는 등 특권층으로 대우 받았다. 하지만 모두 거기에 안주한 것은 아니었다. 변호사들 중에는 일제의 압제 아래 억울함을 당하는 민중을 변호하거나 독립운동가의 변호사로 나서는 이들이 있었다. 대표적인 인물로는 김병로, 이인, 허헌, 안병찬 등을 들 수 있다. 이들은 변호사로서 자기 시대에 맡은 사명이 있다고 믿었다.

식민지 통치를 위해 만들어진 일제 사법부를 상대로 독립을 주장한 피고인을 변호하는 일은 사실상 좋은 결과를 바라기 어려웠다. 하지만 그들은 개의치 않고 의열단 사건, 6.10만세운동, 3.1운동 같은 굵직한 사건의 변호

---

[*] 박원순, 『역사가 이들을 무죄로 하리라 : 한국인권변론사—가시밭길을 선택한 변호사들』(2003, 두레) 참조.

  우리는 희망을 변론한다

에 나섰다. 자신이 위험에 처할 수 있었지만, 나라를 빼앗긴 사람들의 독립 의지가 어찌 죄가 될 수 있는지 묻고 일제의 만행을 고발했다. 이는 재판에 주목하고 있는 민중들에게 독립 의지를 고취시켰고, 민족을 똘똘 뭉치게 하는 구심점이 되기도 했다.

김병로, 이인, 허헌 같은 변호사들은 항일변호사, 사상변호사, 무료변호 사로 불렸다. 독립운동의 일환으로 혹은 민중의 인권을 위해 무료 변론에 나서다 보니 이런 이름이 붙은 것이다. 이들은 김태영, 이승우, 김용무 변호 사 등과 힘을 모아 1923년 형사변호공동연구회를 만들었다. 형사변호공동 연구회는 일반 형사사건을 통해 번 수임료를 활동비로 독립운동이나 민중 인권 사건을 무료로 맡았다. 이들은 무료 변론 뿐 아니라 감옥에 갇힌 독립 운동가에게 사식을 넣어 주고 남은 가족을 돌보는 등 실질적으로는 독립운 동 후원단체의 역할을 했다.

일반 사건을 통해 번 돈으로 무료 인권 변론을 하는 것은 이후 많은 인권 변호사들이 사용한 방법이다. 변호사 공동전선을 만들어 시국 사건에 발 빠르게 대처하는 방식 역시 효율적인 인권 변론을 위해 이후에도 계속되 었다.


## 민주주의 회복에 나선 인권변호사

독립 이후 유신 시대에 들어서면서 인권변호사의 활약이 두드러졌다. 박정 희의 쿠데타에 이은 유신 조치는 민주주의의 근간을 흔들었고, 국가는 폭 압적으로 국민의 인권을 유린했다. 뜻있는 인권변호사들은 민주주의 회복 을 위해 나섰다. 특히 이병린 변호사는 인권변호사의 소임을 다하면서도,

개인뿐 아니라 변호사협회를 통한 사회적 책임을 강조했다.

"변호사 개인으로 할 수 없는 일을 변호사회의 힘으로 할 수 있다."

그는 1960년대에 대한변호사협회(변협) 회장을 두 번이나 맡았고, 그 덕에 변협의 활동은 사법제도 개선, 인권 옹호 사업, 민주주의 구현, 불의에 대한 규탄 등으로 이어졌다. 이병린 변호사는 변협 회장으로서 앞장서서 독재정치에 대한 문제를 제기했고, 그 결과 구속까지 당했다. 유명무실했던 사법부의 기능을 변협이 수행했다고 볼 수 있다.

이병린 변호사의 큰 그늘 아래서 인권변호사들은 속속 활동을 늘려 나갔다. 인권변호사 4인방으로 불리는 이돈명, 조준희, 홍성우, 황인철 변호사가 등장했고, 이들은 유신에 이은 군부 세력에 맞서 민중의 인권과 민주주의 수호를 위해 일했다.

인권변호사들은 군부의 탄압을 받았다. 변호사의 기본 권한인 의뢰인 접견을 제한받는 것에서부터 변론을 문제 삼아 구속되는 일까지 있었고, 구속이나 자격 정지가 아니더라도 가혹한 정치 보복이 돌아오곤 했다. 하지만 인권변호사들의 활동은 멈추지 않았다. 양심수들에게 인권변호사는 인권과 민주주의를 외치는 동반자였다. 또한 "이 사람은 무죄다!"라는 한 마디 외침이 양심수와 그 가족의 회한을 달래 주는 한풀이가 되기도 했다.


## 정법회, 인권 변론의 조직화를 이끌다

유신에 맞서던 이병린 변호사의 장례가 변호사협회장으로 치러지던 날, 후배 변호사들은 새로운 인권변호사 조직이 필요하다는 데 뜻을 모은다. 조영래 변호사를 비롯해 그동안 변협 인권위원으로 활동했던 변호사들을 중

                                                   우리는 희망을 변론한다

심으로 정의실천법조인회(정법회)가 만들어졌다. 1986년 정식 출범한 정법회는 해방 이후 최초의 인권변호사 상설 조직이었다.

당시는 군사독재정권이 말기에 치달으며 권력의 폭압과 국민의 저항이 가장 첨예하게 부딪히던 시절이었다. 하루가 멀다 하고 인권 사건이 터졌고, 인권변호사에 대한 수요가 급증하고 그들의 수 및 활동 반경이 늘어났다. 이전에도 인권변호사들이 있었으나 몇몇 변호사의 개인적 헌신으로 명맥을 이어온 것이지 어떤 조직적 틀 위에서 활동한 것은 아니었다. 정법회의 탄생으로 인권 변론 수요에 대한 조직적 대응이 가능해졌다. 정법회의 변론 과정은 먼저 토의를 거쳐 변호인단을 구성한 후 각각 일을 나눠서 처리하는 방식을 취했다. 이를 통해 변론의 배당과 공동 대응, 연대 활동 등이 보다 체계적으로 이뤄질 수 있었다.

정법회는 좀 더 적극적이고 공격적인 인권 변론으로 나아갔다. 지금까지는 의뢰를 받고 변호를 했다면, 이제는 인권 문제가 있는 곳을 먼저 찾아가거나 소송을 기획함으로써 중요한 판결을 이끌어 내고자 했고, 사건의 변론에만 그치는 것이 아니라 사건의 실체를 파헤치고 대중에게 알리는 등의 총체적 노력을 기울이기 시작했다. 조영래 등 정법회 멤버들이 주로 참여한 '권인숙 양 고문 사건' 변론의 경우, 변호사들이 직접 고발장을 내고, 사실조사에 나서고, 기자회견까지 열었다. 이는 정법회 이전에는 없었던 새로운 활동 방식이었다.


## 민변의 탄생과 법률운동의 태동

정법회는 전두환 정권 말기에 만들어져 제 소임을 다했고, 이후 민주화 열기에 발맞춰 민주사회를위한변호사모임(민변)이라는 보다 광범위하고 공식적인 조직으로 발전한다. 30여 명이던 정법회가 51명으로 몸을 불려 1988년 민변으로 새 출발을 알렸다. 진보적이고 진취적 성향의 신진 변호사들이 대거 합류해 신·구세대 변호사가 한데 결합하면서 민변의 규모는 빠르게 늘었다.

정법회는 비밀 단체에 가까웠던 반면, 민변이 생기면서 인권 변론을 하던 변호사들은 보다 체계적이고 공개적이며 지속적인 변론으로 펼칠 수 있게 되었다. 출범하자마자 임수경 방북 등 변호사를 필요로 하는 시국 사건이 잇달아 터졌고, 이후에도 민변은 마치 물과 공기처럼 중요한 인권 문제 및 시국 사건마다 등장해 변론을 도맡다시피 했다. 악법을 철폐하고 나쁜 제도를 개선하기 위한 활동에도 적극적으로 나섰다. 민변이 맡은 사건이 아니더라도 사회적 쟁점이 되는 일들에 대해 의견을 제시하거나 성명서를 발표했고, 토론회를 조직하거나 연구조사에 나섰다. 민변에는 특히 학생운동을 경험한 젊은 변호사들이 많았고, 이들은 법을 사회 변혁의 수단으로 생각하고 적극적으로 활용하고자 했다. 바야흐로 법률운동이 민변의 출범과 더불어 등장해 발전하기 시작했다.

문민정부가 출범하고 형식적 민주주의가 발전하면서 민변의 활동도 변화를 맞았다. 과거에는 양심수 변론이나 정치적 자유 등 기본권 확보에 중점을 뒀다면, 90년대 초반을 기점으로 환경, 노동, 사회복지, 경제정의, 소수자 인권 등 각 부문별 인권과 사회적 기본권의 영역이 화두가 되면서 이와 관련한 연구조사, 제도 개선, 입법 운동 등이 주요한 활동으로 떠올랐다.

출범 후 사반세기가 흐른 현재, 민변은 회원이 700명이 넘는 거대한 조직으로 발전했고, 여전히 인권변호사의 총본산 역할을 수행하고 있다.

1987년 이후 시민사회 활동이 활성화되면서 다양한 방식으로 공익·인권 활동에 참여하는 변호사들이 줄을 이었다. 로펌들도 일부 인력을 공익 변호에 할당하고 시간을 쪼개서 법률 봉사에 나섰다.

자신의 능력을 다른 사람과 사회를 위해 쓸 수 있다는 것은 개인에겐 보람찬 일이다. 그리고 우리 사회에도 꼭 필요한 일이다. 그런 의미에서 자신의 안위를 챙기기보다 사회정의 실현에 헌신한 인권변호사들은 많은 사람의 존경을 받았다. 이들은 선배 인권변호사들이 했던 것처럼 대부분 일반 소송으로 수입을 충당하며 무료 공익 활동에 나섰다.

하지만 봉사나 재능 기부 방식을 뛰어넘어 보다 본격적이고 전문적인 공익 변호의 필요성이 대두되었다. 절차적 민주주의가 발전함에 따라 과거 정치적 사건에 대응하는 활동을 넘어 일반 시민들의 인권을 신장시키는 데까지 변호사의 역할이 필요해졌고, 인권의 개념 역시 경제적, 사회적, 문화적 권리로 확장되었기 때문이다.

이러한 시대적 요구에 따라 1990년 중반부터 공익단체에 상근하는 변호사가 등장했다. '공익변호사'들은 공익단체에 소속되어 단체로부터 일정한 보수를 받고 비영리로 공익·인권 활동을 전담했다. 그리고 기존의 형사 변론 중심의 활동에서 소비자 사건, 환경 사건, 인권 사건, 행정소송과 헌법소송 등 민사법 및 공법 영역으로 소송 영역을 확장했으며, 소송 이외에 공익 입법 활동, 정책 개선 연구 등으로 활동의 범주를 넓혀 나갔다.

그리고 2000년대에 들어서는 공익변호사들이 모여 공익 활동 전담 조직을 형성해 보다 체계적인 활동을 전개하기에 이르렀다. 2004년 1월 우리나

라 최초로 공익·인권 활동을 전업으로 하는 비영리 공익 로펌 '공감'이 탄
생했고, 이후 그와 유사한 성격의 '희망을만드는법' '재단법인 동천' '공익
법센터 어필' 등이 속속 등장해 공익 변론의 새로운 시대를 열어 가고 있다.

                                        우리는 희망을 변론한다

# 2부 인권, 소리 없는 아우성

# 베트남 신부 쇼핑, 인권은 옵션

결혼 상품화와 가부장제의 덫에 걸린 결혼이주여성

소라미 변호사

## 이 야만은 어디에서 오는가

2007년 7월 베트남 여성 후안마이(가명)가 갈비뼈 18개가 부러진 사체로 발견되었다. 같은 해 1월 국제결혼 중개업체 소개로 건설일용근로자인 장 씨를 만나 결혼해서 5월에 한국으로 입국한 그녀를 기다린 것은 중개업자와 남편이 말했던 장밋빛 결혼생활이 아니었다. 스물일곱 살 많은 남편은 일정한 직업이 없었고, 거주지는 월세 18만 원짜리 지하 단칸방이었다. 남편은 한국어 학원에 다니고 싶다는 후안마이의 요청을 외면했고, 바깥출입조차 허용하지 않았다. 한 달 후 고향으로 돌아가겠다고 말한 후안마이에게 돌아온 것은 남편의 무자비한 폭행이었다. 그녀는 결국 남편에게 맞아 사망했다. 검거된 장 씨는 "돈 들여 아내를 데려왔는데 자꾸 돌아간다고 해 홧김에 때렸다"고 말했다.

후안마이가 죽기 전에 남긴 편지가 있었다. 유서가 되고 만 그녀의 편지를 통해 가난한 나라에서 온 어린 소녀였지만 '결혼이주'의 의미가 무엇인지 충분히 헤아렸던 성숙한 여인을 만날 수 있다.

저도 한 여자로서, 아내로서 나중에 더 좋은 가정과 삶을 위해 최선을 다하고 있어요. 당신은 아세요? 저는 당신과 많은 이야기를 나누고 싶은데, 당신은 왜 제가 한국말을 공부하러 못 가게 하는지 이해할 수가 없어요. 저도 다른 사람들과 같이 대화하고 싶어요. 당신을 잘 시중들기 위해 당신이 무엇을 먹는지, 무엇을 마시는지 알고 싶어요. 저는 당신이 일을 나가서 무슨 일이 있었는지, 어떤 것을 먹었는지, 건강은 어떤지 또는 잠은 잘 잤는지 물어보고 싶어요. (…) 저는 한국에 와서 당신과 저의 따뜻하고 행복한 삶, 행복한 대화, 살면서 어려운 일들을 만났을 때 서로 믿고 의지하는 것을 희망해 왔지만, 당신은 사소한 일에도 만족하지 못하고 화를 견딜 수 없어하고, 그럴 때마다 이혼을 말하고, 당신처럼 행동하면 어느 누가 서로 편하게 속마음을 말할 수 있겠어요. 당신은 가정을 만든다는 것이 얼마나 큰일이고 한 여성의 삶에 얼마나 큰일인지 모르고 있어요.

(후안마이가 남긴 편지 중에서)

이 편지는 많은 이들을 충격과 안타까움에 휩싸이게 했다. 재판을 담당했던 고등법원 판사는 이 사건을 통해 드러난 우리 사회의 야만성을 통탄하며 판결문에 그 소회를 담았다. 판결문은 지금의 국제결혼이 어떤 문제를 가지고 있는지 적확하게 지적하고 있다.

 우리는 희망을 변론한다

노총각들의 결혼 대책으로 우리보다 경제적 여건이 높지 않을 수도 있는 타국 여성들을 마치 물건 수입하듯이 취급하고 있는 인성의 메마름, 언어 문제로 의사소통도 원활하지 못한 남녀를 그저 한집에 같이 살게 하는 것으로 결혼의 모든 과제가 완성되었다고 생각하는 무모함, 이러한 우리의 어리석음은 이 사건과 같은 비정한 파국의 씨앗을 필연적으로 품고 있는 것이다. 이 자리에서 우리는 21세기 경제대국, 문명국의 허울 속에 갇혀 있는 우리 내면의 야만성을 가슴 아프게 고백해야 한다.[*]

# 죽거나 혹은 죽이거나

2012년에 성사된 총 혼인 중 외국인과의 혼인은 약 9퍼센트에 이른다. 그중 약 73퍼센트가 한국인 남편과 외국인 아내의 결혼이다. 우리나라 남성 열 명 중 한 명이 외국인 아내와 결혼을 하고 있으니, 적지 않은 숫자다. 그런데 뉴스를 통해 국제결혼 부부의 안 좋은 소식들이 끊임없이 들려온다.

1990년대 이후 국제결혼이 급증하면서 가정 내에서뿐만 아니라 사회적으로도 많은 문제를 낳고 있다. 한국인 남편과 시가족에 의한 가정폭력, 국제결혼 중개업체의 거짓 정보 제공, 성차별적인 국제결혼 광고, 결혼이주여성의 가출, 다문화 가정에 대한 편견과 차별…. 어느 것 하나 쉽

[*] 대전고등법원 2008. 1. 23. 선고 2007노425 살인 판결문 중에서. 앞서 인용한 후안마이의 편지도 이 판결문에서 발췌했다.

게 해결할 수 없는 문제다. 무엇보다 가정폭력 문제가 심각하다. 여성부가 조사한 가정폭력 실태에서도 국제결혼 부부간 폭력 발생률은 69.1퍼센트에 이르고 있다.

최근 국제결혼 가정에서 발생한 사건사고를 몇 가지만 들어 보자.

- 2009년 2월. 캄보디아에서 온 결혼이주여성이 폭력을 행사하는 남편으로부터 자신과 태아를 보호하기 위해 우발적으로 남편을 살해함.
- 2010년 7월. 베트남에서 온 결혼이주여성이 한국에 온 지 8일 만에 정신병력이 있었던 남편에게 살해당함.
- 2011년 5월. 경북 청도에서 베트남 출신의 결혼이주여성이 남편에 의해 부엌칼로 수십 차례 찔려 살해당함. 생후 19일 된 아이가 있었음.
- 2012년 6월. 결혼 12년차 중국 출신 결혼이주여성이 남편의 폭행으로 뇌사 상태에 빠진 지 3일 만에 사망함.

이처럼 참담한 비극이 연이어 발생하면서, 현재 한국 사회에서 결혼이주가 갖는 부정적 측면이 폭력과 죽음이라는 극단적 형태로 드러나고 있다. 이런 야만적 관계의 근본적 문제점은 무엇일까?

우선, 말도 안 되는 결혼 진행 과정에서 찾아볼 수 있다. 평생을 함께할 배우자를 마트에서 어떤 물건을 살까 하는 정도의 고민으로 선택했고, 심지어 결혼이주여성에게는 그 선택권조차 없었다.

2011년 6월 국가인권위원회 앞에서 '가정폭력으로 사망한 결혼
이주여성 추모제'가 열렸다. 참석자들이 희생자의 영정을 들고 거
리를 행진하고 있다.

# 1시간 만에 배우자 선택, 합방에 결혼까지 일사천리

2006년 초 국제결혼 중개 시스템 현지조사에 참여했다. 베트남과 필리핀을 둘러본 현지조사에는 공감 변호사를 비롯해 인권단체 활동가, 여성학자, 인류학자, 국제기구 활동가, 법률가로 구성된 연구진이 함께했다.

2005년은 국제결혼 비율이 정점을 찍고 있었다. 한 해 결혼하는 열 쌍 중 한 쌍 가까이가 국제결혼 커플이었다. 이미 이주해 정착한 상당수의 중국 동포들이 친인척과 지인을 통해 한국과 중국 간 결혼을 중매하기도 했지만, 대부분은 국제결혼 중개업체를 통했다. 연구진은 무엇보다 '국제' 결혼중개업이라는 새로운 상행위의 등장이 국제결혼 급증에 주요한 역할을 한다고 보고 있었다.(지금도 국제결혼 부부의 네 쌍 중 한 쌍은 중개업체를 통하는 것으로 나타났다.)

당시 현지조사에서 한국 남성과 베트남 여성들의 맞선이 진행되는 현장을 참관했다. 대중매체의 보도를 통해 정황은 이미 알고 있었지만 오감으로 직접 체험한 날것 그대로의 현실은 머리와 가슴에 또 다른 파장을 일으켰다.

한국 남성 한 명은 약 1시간 동안 총 100~200여 명의 베트남 여성 중에서 한 명의 배우자를 선택했다. 1차, 2차, 3차로 추려서 남은 10여 명 가운데 최종 선택이 이뤄졌다. 중개업자는 많은 여성을 선택해 놔야 최종 선택의 폭이 넓어진다고 거듭 권유하나, 한국 남성은 연신 손수건으로 얼굴에 흘러내리는 땀을 닦으며 버거워 했다.

답답한 마음에 업자가 옆에서 거들고 나섰다. '치아가 건강해야 한다'

　　　　　　　　　　　　　　　

'손이 너무 보드라우면 고생을 못 견디고 도망간다' '너무 많이 배워도 안 되고, 일한 경험이 있으면 돈맛을 알아서 안 된다'고 조언하며 대신 여성을 선택해 주기까지 했다.

처음에 베트남 여성들은 자신을 선택하는 남성에 대한 정보를 제공받지 못했다. 최종 선택까지 가야 비로소 남성의 나이, 사는 곳, 직업과 수입, 시부모 부양 여부 정도의 정보를 들을 수 있었다. 여성에게 거부권이 없지는 않았다. 남성이 마음에 들지 않으면 방을 나갈 수 있는 기회를 받았다. 그러나 그런 맞선 환경에서 선택될 확률이란 참으로 미미하기 때문에 여성들은 쉽게 거부권을 행사할 엄두를 내지 못했다. 자신을 선택해 주기를 바라며 한국 남성을 바라보는 여성들의 눈빛은 너무나도 간절했다.

맞선 1시간 만에 배우자 선택에 성공한 커플에게는 조잡한 한·베 사전이 주어졌다. 어색하게 웃으며 남은 하루 동안 사전 속 단어를 하나씩 짚어 가며 소통을 시도했다. 다음날 베트남 여성의 부모를 불러와 서둘러 결혼식을 올렸다. 근교로 약식 신혼여행을 다녀온 후에는 비자 발급을 위해 한국 영사관 인터뷰에 참여했다. 맞선부터 현지 혼인식, 비자 발급을 위한 인터뷰까지 걸리는 시간은 4~5일에 불과했다.

들여다볼수록 나는 할 말을 잃었다. 과연 이런 식의 결혼이 성립할 수 있는가? 지속 가능한가? 행복하게 정착한 국제결혼 가정이 있다는 사실이 오히려 경이롭기까지 했다. 현장을 지켜보며 가히 인신매매라고 할 만한 국제결혼 중개에 대해 전면 '금지' 방안과 합리적인 '제도화' 사이에서 어떤 입장을 취해야 할지 갈피를 잡기 어려울 지경이었다.

2005년에 진행한 조사 결과이니 그로부터 8년이 지난 지금은 현장도 많이 달라졌으리라 기대해 보지만, 근본적인 문제점은 여전하다. 한국인 남성 한 명에게 선보이는 여성의 숫자가 줄었을 뿐, 현지 맞선부터 결혼식, 영사관 비자 인터뷰, 신혼여행까지 총 3~5일밖에 걸리지 않는 단기 속성의 중개 구조는 그대로이다. 또한 나이, 학력, 출신 지역, 경제 능력 정도의 제한된 정보만 가지고 몇 분 동안의 짧은 만남으로 평생 반려자를 결정하는 방식도 전혀 달라지지 않았다.

## '한국인과의 국제결혼을 금지함'

"베트남 여성과 결혼하세요. 초혼, 재혼, 장애인 환영!"


잘못된 출발은 국제결혼에 대한 광고에서부터 시작한다. 수많은 국제결혼 중개업자들은 서로 더 많은 고객을 유치하기 위해 온라인과 오프라인 상에서 경쟁적으로 광고를 펼친다. 특히 2000년대 초반 국제결혼이 급증할 당시, 전국 거리마다 내걸린 국제결혼 광고 현수막은 보는 이의 눈살을 찌푸리게 했다. '초혼, 재혼, 장애인 환영' '베트남 숫처녀' '절대 도망가지 않습니다' 등 현수막에 담긴 문구는 한국인 남성과 결혼하고자 하는 외국인 여성을 단지 상품으로만 취급하고 있었다. 이에 대응해 2006년, 공감은 여성단체, 이주노동자단체, 여러 시민단체와 함께 국제결혼 광고 현수막이 성차별적이고 인종차별적이라고 국가인권위원회에 진정을 제기했다. 이와 더불어 시민들의 관심을 높이기 위해 사는 지역에 걸린 국제결혼 광고 현수막 사진을 찍어 제보할 수 있도록 하는 '선의의

   우리는 희망을 변론한다

2000년대 초반 국제결혼 중개업체의 광고 스티커.

파파라치' 캠페인을 벌였다. 그 결과 우리 눈살을 찌푸리게 하는 거리 현수막은 사라졌다. 하지만 온라인상에서 이루어지는 성차별적인 국제결혼 광고는 여전히 진행형이다.

필리핀 여성들은 학력이 높고, 천주교가 국교이므로 법으로 이혼이 금지되어 있어 한번 시집가면 남편과 자식을 위해 일부종사한다는 개념을 갖고 있습니다. 영어가 공용어이므로 결혼 후 자녀의 영어 교육에 도움이 됩니다. 결혼 전 순결을 상당히 중요하게 생각합니다.

베트남 여성들은 일부종사를 철칙으로 알고 헌신적으로 남편을 섬깁니다. 의무교육 12년으로 지식 정도가 높습니다. 정조 관념이 투철하고 한번 결혼을 하면 절대 이혼을 해서는 안 된다고 생각하고 있습니다. 그리고 생활력이 강해 어떤 상황에서도 가정을 버리지 않으려고 합니다.[*]

[*] 국제결혼 중개업체 홈페이지에 실린 홍보 문구이다.

2006년 7월, 차별적 국제결혼 광고에 반대하는 진정서를 국가인
권위원회에 제출하고, 기자회견 및 약식 집회를 열었다. "국제결
혼 편견 넘어 평등으로"라고 적힌 피켓을 든 소라미 변호사(오른
쪽에서 두 번째).



우리는 희망을 변론한다

국제결혼을 홍보하는 온라인 홈페이지나 카페에서 외국인 여성은 순종적이고 정조 관념이 투철한 여성으로 묘사되곤 한다. 이러한 광고는 여성에 대한 왜곡된 인식과 국제결혼에 대한 실체 없는 환상을 유포시킨다. 부인을 금전과 맞바꾼 '소유물'로 간주하게 될 소지도 다분하다. 앞서 소개한 사례에서 베트남 아내를 살해하고 검거된 한국인 남편이 한 말("돈 들여 아내를 데려왔는데 자꾸 돌아간다고 해 홧김에 때렸다.")은 잘못된 인식을 고스란히 담고 있다.

국제결혼 중개의 문제에 대해 조사하며 처음에는 결혼해서 가정을 이루고자 하는 한국 총각의 간절함, 코리안 드림을 꿈꾸는 베트남 여성의 열망이 눈에 밟혔다. 그러나 생각할수록, 그들의 간절한 열망을 매개한다는 허울 아래 이루어지고 있는 중개 시스템이 비극의 씨앗을 품고 있음이 명료해졌다.

이러한 문제를 인식한 캄보디아 정부는 2008년 3월 '한국인과의 결혼 방식은 여성들이 착취와 학대에 노출될 가능성이 높으며, 인신매매의 통로로 악용될 소지가 있다'는 이유로 한국인 남성과 자국 여성의 국제결혼을 잠정 중단시킨 바 있다. 2010년 3월에는 캄보디아 재판부가 캄보디아 여성 25명과 한국 남성 한 명의 집단 맞선을 주도한 현지 브로커에게 징역 10년형을 선고했다. 재판 결과가 보도되자 캄보디아 국민들 사이에 '한국인과의 국제결혼은 인신매매'라는 사회적 여론이 거세게 들끓었고, 캄보디아 정부는 한국 영사관에 국제결혼 업무를 중단할 것을 요청했다.

# 내가 하면 로맨스,
# 그들이 하면 위장결혼

중개업체를 통해 외국인 신부를 데려오는 국제결혼에 대해 '그게 진정한 결혼이냐'며 회의적 반응을 보이는 사람들도 있다. 그렇게 이주해 온 여성들을 보는 시선은 더욱 차갑다. 더 잘사는 나라에서 살 수 있는 기회를 잡기 위해 결혼을 이용한 것 아니냐는 식이다. 이런 선입견은 결혼이주여성이 처한 인권 침해 문제를 쉽게 간과하게 만든다.

공정하지 못한 일이다. 한국인 남녀 사이에도 배우자의 조건을 두고 저울질하는 일이 흔하고, 결혼을 통해 '신분 상승'을 꾀하는 이들도 수두룩하다. 중개업체를 통한 조건 맞춤식 혼인도 꾸준히 증가하고 있다. 하지만 이들을 두고 누가 '위장결혼'이라며 손가락질하겠나? 하지만 경제적·문화적으로 더 나은 삶을 꿈꾸며, 가난한 가족을 돕겠다는 마음으로 한국인 남성과의 결혼을 결정한 외국인 여성의 선택은 그다지 존중받지 못한다.

한국인 남성과 결혼하는 외국인 여성에게 의심의 눈초리를 보내는 대표적인 곳은 바로 우리 정부이다. 특히 법무부는 국제결혼으로 이주해 오는 외국인 여성 대다수에게 위장결혼의 혐의를 둔다. 그러나 근거는 충분치 않다. 이러한 과장된 혐의에 더해 사람보다 출입국 '관리'를 우선시하는 태도가 결혼이주여성의 인권을 심각하게 위협한다. 위장결혼을 가려내야 한다는 이유로 결혼이주민에게 안정적인 법적 지위를 쉽게 내주지 않기 때문이다. 법적 지위가 불안하다 보니 결혼이주여성은 가정폭력 등 인권 침해 상황에 놓여도 능동적으로 대처하지 못한다.

# "내 말 안 들으면 신고해 버린다!"

현행 출입국관리법에 의하면, 결혼이주여성이 한국에 입국하기 위해서는 한국인 남편의 신원보증 서류가 필요하다. 입국 후 한국인 남편이 출입국관리사무소를 찾아가 '외국인 아내가 가출했다, 신원보증을 철회하겠다'고 말하는 것만으로 결혼이주여성은 불법 체류자가 될 수 있다. 불법 체류자 신세가 된다는 것은 언제든 출입국 단속 공무원에게 검거되어 외국인보호소에 구금될 수 있다는 것을 뜻한다. 남편이 끝까지 신원보증 문제를 해결해 주지 않으면 결국에는 강제출국당하고 만다. 왜 집을 나올 수밖에 없었는지, 맞선 당시 들었던 것과 한국에서의 생활이 얼마나 달랐는지, 결혼이주여성의 삶의 언어가 출입국 결정에 반영될 여지는 거의 없다. 위장결혼이라는 의심과 편견 때문이다. "내 말 안 들으면 출입국관리소에 신고해 버린다!" "당장 네 나라로 내쫓아 버릴 거야!"라는 남편의 협박은 허언이 아니다. 법이 보장하고 있는 현실이다.

법이 이렇다 보니 외국인 아내는 한국인 남편의 말 한마디에 벌벌 떨 수밖에 없고, 한국인 남편은 비자라는 절대 권력을 휘두를 수 있는 것이다. 이처럼 심각하게 왜곡된 위계 관계가 존재하는 한 국제결혼 가정은 절대 한국 사회에 건강하게 자리 잡을 수 없다.

우리나라 헌법 제36조는 "혼인과 가족생활은 개인의 존엄과 양성의 평등을 기초로 성립되고 유지되어야 하며, 국가는 이를 보장한다"라고 명시한다. 헌법재판소는 외국인도 자유권적 기본권을 누릴 권리가 있다고 인정하고 있다. 따라서 결혼이주여성도 비록 외국인이라 하더라도 우리나라 헌법이 보장하는 '평등하고 인간의 존엄이 유지되는 혼인과 가족생활'을 누릴 권리를 갖는다. 또한 유엔의 「시민적·정치적 권리에 관한 국제 규약」도 "규약의 당사국은 혼인기간 중, 혼인 해소 시 혼인에 대한 배우자의 권리 및 책임의 평등을 확보하기 위해 적절한 조치를 취한다"라고 정하고 있다. 현행 출입국관리 행정 행위는 결혼 생활이 남편의 입김에 좌우되게 만듦으로써 결혼이주여성이 인간으로서 갖는 존엄을 침해하고 있다. 이는 우리나라 헌법과 국제 규약을 위배하는 것이다.

## 막장 드라마보다 더한
## 현대판 씨받이 사건

2007년 일명 '현대판 씨받이 사건'이 세간의 관심을 모았다. 불임으로 고민하던 한국인 부부가 아이를 갖기 위해 베트남 여성을 속이고 이용한 사건이었다. 공감에서 소송을 대리하며 가까이에서 들여다본 실상은 막장 드라마 저리 가랄 정도였다.

20년차 한국인 부부가 불임을 이유로 이혼했다. 남자는 한 달 만에 18세 베트남 여성 투하(가명)와 결혼했고, 투하는 곧 첫아이를 임신했다. 아이는 태어나자마자 전 부인에게 보내져 양육되었다. 아이가 어디로 갔는지 알 수 없었던 투하는 눈물로 날을 지새웠으나 곧 둘째 아이 임신 사실을 알게 되었다. 둘째 아이가 태어나기 두세 달 전부터 남편은 전 부인에게 돌아가지 않으면 무일푼 신세가 되고 만다며 이혼을 종용했다.

'이혼 뒤 베트남에 돌아가 잠깐 쉬었다 오면, 전처와 결혼해 돈을 찾고 집도 사 주고 아기도 보내 주겠다'는 약속을 믿고 투하는 둘째 출산 후 일주일 만에 협의이혼을 하고 베트남으로 돌아갔다. 남편은 보름도 채 안 되어 전 부인과 재결합했고, 부부는 두 아이의 친부모인양 가족생활을 이 어갔다. 투하가 한국에 돌아왔을 때 연락처와 주소가 모두 바뀌어 있어 전 남편도 아이들도 만날 수 없었다.

투하는 심각한 정신적 충격에 시달리고 있었다. 그녀는 자신을 속인 부부의 처벌을 강력히 원했고, 아이들을 되찾고 싶어 했다. 하지만 우리나라 현행법상 그 부부를 처벌할 수 있는 형사법 규정은 존재하지 않는다. 차선책으로 민사소송을 진행했다. 한국인 부부를 상대로 대리모로 이용당하고 친권을 침해당한 것에 대한 손해배상청구를 했고, 아이들의 친모를 친권 행사자로 지정해 달라는 가사소송을 제기했다.

전 남편은 이 모두가 합의에 따른 것이라고 주장했다. 함께 산 지 3일 정도 되었을 때 아이를 낳아 주고 이혼하면 돈을 주겠다는 자신의 제안에 투하가 동의했다는 것이다. '말도 안 통하는데 통역이나 번역을 통해 의사소통한 것이냐'고 묻자, 한·베 사전을 가지고 '아이' '이혼' '돈'이라는 세 단어를 짚어서 자신의 뜻을 전했다는 거다. 투하는 그런 제안을 들은 적도, 동의한 적도 없다고 했다. 객관적으로 단어 세 개에 의존해서 대리모 제안을 하고 동의를 받는다는 것은 불가능해 보인다. 상식적으로도 납득이 안 된다. 백번 양보해 그런 합의가 있었다고 치더라도, 제안을 했다는 시점은 이미 투하가 결혼을 하고 한국으로 이주해 온 후였다. 단란한 가정을 꿈꾸며 고향과 가족을 떠나 한국으로 온 여성과 3일 만에 그런 합의가 이뤄질 수 있을까?

사과는커녕 소송이 끝날 때까지 자신의 잘못을 전혀 인정하지 않고서 당당하게 재판정을 나서는 남자의 모습을 보며 소름이 돋았다. 돈으로 모든 것을 해결할 수 있다고 믿는 그 부부의 모습은 한국 사회에 뿌리 내린 천박한 자본주의의 단면일 것이다.

기나긴 소송이 이어졌다. 투하는 많이 힘겨워했다. 소송이 몇 년째 진행되는 동안에는 아이들을 만날 수도 없었다. 가사조사관실에서 얼굴을 한 번 본 게 전부였다. 2009년 6월 대법원에서 면접교섭권을 확정받고 매달 정기적으로 아이들을 만날 수 있게 된 후에야 비로소 환하게 웃는 그녀를 볼 수 있었다. 아이들과 함께 찍은 사진을 보여 주며 행복해하는 모습에 나도 덩달아 행복해졌다.

2010년 7월, 드디어 민사 손해배상청구소송도 종료되었다. 승소였다. 그녀가 받은 상처를 돈으로 달랠 수는 없겠지만, 조금이나마 위자료를 전할 수 있게 되어 다행이었다.

## 국제결혼의 불편한 진실을 마주 봐야 할 때

가사소송에서는 패소했다. 아이들의 양육권자를 한국인 전 남편에서 투하 본인으로 변경해 달라고 청구했으나 인정받지 못했다. 양육권자는 계속 아빠로 하고, 투하에게는 아이를 정기적으로 만날 수 있는 면접교섭권만 인정되었다. 가정법원은 아이들의 임신과 출산 과정상의 불법성은 민사재판에서 따지라고, 아이들의 양육권자를 결정할 때는 고려하지 않겠다고 선을 그었다. 결국 현재 아이들을 양육하며 정서적인 유대 관계를 형성하고 있고 경제적으로도 안정적인 한국인 부부가 계속 아이를 키우는 것으로 결론 났다. 나는 친모의 인격권과 친권을 회복할 수 없을 정도로 침해한 한국인 부부의 불법적이고 반윤리적인 행위가 반드시 양육권자 결정에 반영되어야 한다고 주장했다. 과연 누가 아이들의 양육권자가 되는 것이 맞을까?

현재 투하의 귀화 신청이 심사 중에 있다. 한국인 전 남편을 상대로 승소한 손해배상 판결은 투하의 귀화 심사에 도움이 될 것이다. 혼인 파탄 사유가 본인이 아닌 한국인 남성에게 있다는 것을 입증할 수 있기 때문이다. 이 승소 판결이 없었다면 투하는 한국에서 계속 살기 힘들었을 것이다. 현재 법무부는 면접교섭권만을 취득한 결혼이주여성에게 국내 체류 자격을 내주길 꺼려하기 때문이다.

면접교섭권이란 아이를 양육하지 않는 부모에게 인정되는 '천부인권'이다. 부모의 권리이면서 동시에 자녀의 권리이다. 이혼 후에도 양쪽 부모와 관계를 지속하는 것이 아이의 심리적 안정과 건강한 발달을 보장하기 때문이다. 하지만 법무부는 출입국관리의 이익을 우선시해 아이와 부모가 서로를 만날 권리를 침해하고 있다.

과연 천부인권인 면접교섭권, 헌법상 기본권인 행복추구권, 「유엔아동권리협약」이 명시하는 아동의 건강한 발달권을 보장해 주는 것보다 행정상의 이익을 추구하는 게 더 우선일까? 우리는 사회가 그런 방향으로 나아가길 바라고 있는 걸까?

국제결혼을 둘러싼 극단적인 폭력 사건과 기막힌 인권 침해가 끊임없이 발생하고 있다. 당장은 나와 상관없는 이야기처럼 들릴지도 모른다. 하지만 가난한 외국 여성을 상품처럼 취급하는 국제결혼 중개업자, 국제결혼에 대한 환상과 외국인 여성에 대해 왜곡된 인식을 가지고 있는 한국인 남성, 헌법이 못박은 이주여성의 기본권을 제대로 보장하지 않는 정

부, 이러한 문제들에 무관심과 편견으로 대응하는 이웃들…. 국제결혼이
보여 주는 우리 사회의 속살이 과연 나의 삶에 아무런 영향도 미치지 않
고 있을까? 지금 여기에서 벌어지고 있는 불편한 진실을 언제까지 외면
할 수 있을지 스스로에게 질문을 던져 볼 때이다.

# 당신과 저는 매우 슬픕니다

시집 온 지 한 달 만에 남편에게 구타당해 사망한 열아홉 살 베트남 신부 후안마이가 생전에 남편에게 쓴 편지이다. 이 편지는 결국 유서가 되고 말았다.

당신과 저는 매우 슬픕니다. 제가 한국에 온 지 얼마 되지 않아 아직은 한국 사람들의 삶에 대해서 알 수 없고 이해할 수 없는 것은 당연합니다. 한국에서도 부인이 기뻐 보이지 않으면 남편이 그 이유를 물어보고 책임을 져야 되는 것이 아닌가요. 그런데 남편은 왜 오히려 아내에게 화를 내는지, 당신은 아세요?

남편이 어려운 일 의논해 주고 서로 마음을 알아 주는 것이 아내를 제일 아껴 주는 것이라고 생각해요. (…) 당신의 일이 힘들고 지친다는 것을 이해하기에 저도 한 여자로서, 아내로서 나중에 더 좋은 가정과 삶을 위해 최선을 다하고 있어요. 당신은 아세요?

저는 당신과 많은 이야기를 나누고 싶은데, 당신은 왜 제가 한국말을 공부하러 못 가게 하는지 이해할 수가 없어요. 저도 다른 사람들과 같이 대화하고 싶어요. 당신을 잘 시중들기 위해 당신이 무엇을 먹는지, 무엇을 마시는지 알고 싶어요. 저는 당신이 일을 나가서 무슨 일이 있었는지, 어떤 것을 먹었는지, 건강은 어떤지 또는 잠은 잘 잤는지 물어보고 싶어요. 제가 당신을 기쁘게 만들 수 있도록 당신이 저에게 많은 것들을 가르쳐 주기를 바랐지만, 당신은 오히려 제가 당신을 고민하게 만들었다고 하네요.

저는 한국에 와서 당신과 저의 따뜻하고 행복한 삶, 행복한 대화, 삶 속에 어려운 일들을 만났을 때에 서로 믿고 의지하는 것을 희망해 왔지만, 당신은 사소한 일에도 만족하지 못하고 화를 견딜 수 없어하고, 그럴 때마다 이혼을 말하고, 당신처럼 행동하면 어느 누가 서로 편하게 속마음을 말할 수 있겠어요.

당신은 가정을 만든다는 것이 얼마나 큰일이고 한 여성의 삶에 얼마나 큰일인지 모르고 있어요. 좋으면 결혼하고 안 좋으면 이혼을 말하고 그러는 것이 아니에요. 당신이 그렇게 하는 것은 한 사람의 진실한 남편으로서 부족하다고 생각해요. 물론 제가 당신보다 나이가 많이 어리지만, 결혼에 대한 감정과 생각에 대해서는 이해하고 있어요. 한 사람이 가정을 이루었을 때 누구든지 완벽하지 않다는 것에 대해서는 반드시 이해해야 돼요. 물론 부부가 서로 이해하지 못하고 서로의 상처가 너무 많아 결국 이혼하는 사람들도 있어요. 한 사람의 감정을 존경하고 이해하는 사람에게는 마음을 닫게 하는 상황들과 원망하게 하는 상황들이 무관심하게 지나가게 돼요.

모든 사람에게 각자의 자존심이 있고 자신을 '정답'에 서게 한다는 것은 알아요. 하지만 부부가 행복할 수 없고 위험하게 만드는 일을 계속 행하는 것에 대해서는 아무도 이해할 수 없을 거예요. (…) 당신은 저와 결혼했지만, 저는 당신이 좋으면 고르고 싫으면 고르지 않을 많은 여자들 중에 함께 서 있었던 사람이었으니까요.

당신은 아세요? 제가 당신과 결혼하기 전에는 호치민 시에서 일을 했어요. 당신이 우리 집에 왔을 때 우리 집은 많은 어려움을 겪고 있었어요. 저는 가정을 위해서 일을 나가야 했고, 그 일은 매우 힘들었어요. 하지만 봉급

　　　　　　　　　　　우리는 희망을 변론한다

은 얼마 못 받았지요. 저는 노동이 필요한 일도 했어요. 그 일은 매우 힘들었어요. 가축을 기르는 일이든, 농작을 하는 일이든… 가족들은 벼를 심고 베는 일을 했어요. 베트남에서 그렇게 많은 일을 했어도 입을 것과 먹을 것만 겨우 충당할 수 있었지요. 그래서 제가 한국에 왔을 때에 더 이상 바라는 것이 없었고, 단지 당신이 저를 이해해 주는 것만을 바랐을 뿐이에요. 저도 일을 해 보았기 때문에 일을 어떻게 하고 또 그것이 힘들다는 것을 알아요. 하지만 제가 베트남에 돌아가게 돼도 당신을 원망하지 않을 거예요. 저는 당신이 저 말고 당신을 잘 이해해 주고 사랑해 주는 여자를 만날 기회가 오기를 바라요. 당신이 잘 살고 당신이 꿈꾸는 아름다운 일들이 이뤄지길 바라요.

저는 베트남에 돌아가 저를 잘 길러 주신 부모님을 위해 다시 처음처럼 일을 시작하려고 합니다. 저의 희망은 이제 이것뿐이에요. 당신과 저는 서로 다른 나라 사람이어서 제가 한국에 왔을 때 대화를 할 사람이 당신뿐이었는데… 누가 이렇게 될 것이라 생각할 수 있었겠어요. 정말로 하느님이 저에게 장난을 치는 것 같아요. 정말 더 이상 무엇을 적을 것이 있고 말할 것이 있겠어요. 당신은 이 글씨 또한 무엇인지도 모르고 이해하지도 못할 것인데요.

# 장애인이 사라진 세상,<br>당신의 삶은<br>더 나아졌나요?

## '보호'라는 미명 아래 '격리'되고 있는 사람들

염형국 변호사

## 편지도<br>부칠 수 없는 사람

2005년 늦은 봄, 인권단체 활동가들과 함께 지방의 한 장애인 시설을 방문했다. 충남 시골의 작은 마을에서도 한참 떨어진 외딴 곳에 자리한 걸로도 모자라 높은 담을 두르고 육중한 쇠문을 닫아건 채였다. 우리가 들어서자 묘한 공기가 흘렀다. 그곳 사람들은 신기함과 두려움, 기대감이 뒤섞인 얼굴로 낯선 방문객을 흘낏거렸다. 외부 사람과의 접촉은 극히 드문 일이었기 때문이다.

그곳에서는 밭일을 할 수 있는 사람들을 제외하곤 바깥출입이 일체 허용되지 않았다. 가족이 찾아오지 않는 한 외박은 물론 외출도 불가능했다. 20~30명이 함께 지낸다는 방에서는 지린내가 스멀스멀 올라왔다. 사람들 대부분은 TV를 보고 있거나 멍하니 앉아 있었다. 새벽 4시 기상

해 네 번의 예배와 세 끼 식사, 시설 내 노동 시간을 제외하곤 시간을 그렇게 보낸다. 한번 시설에 들어오면 평생 그곳에서 지내는 게 보통이라고 했다.

인권 침해는 심각한 상황이었다. 면담을 통해 충격적인 실상을 들을 수 있었다.

"이곳에 들어오면 일단 감금방에 갇혀요. 통과의례 같은 거죠. 거기는 창문도 전등도 화장실도 없어요. 자기 대소변과 함께 처음 며칠을 뒹굴어야 해요. 어리둥절하고 죽고 싶죠. 거기는 절대 싫어요."

관리자들은 이런 식으로 시설 생활자들을 길들이고 있었다. 말을 듣지 않으면 구타를 하거나 굶기고 가두었다. 금식이나 감금방을 거론하는 것만으로도 생활자들은 금세 고분고분한 양이 되었다. 끔찍한 상황이지만 그들로서는 견디며 사는 수밖에 없었다. 외부와의 소통이 철저히 차단될 뿐더러 나가고 싶어도 뜻대로 나갈 수 없기 때문이었다.

나와 면담했던 중년의 한 남성이 잊히지 않는다. 처음 마주 앉았을 때 그는 한참 동안 주저했다. 묻는 대로 대답해도 될지, 무슨 말을 해야 할지 혼란스러운 듯했다. 몇 번이나 "우리는 당신을 도우러 왔다"고 진심을 전한 후에야, 조금씩 시설 생활과 자신의 이야기를 털어놓기 시작했다. 그는 정신분열 증세 때문에 처음 시설에 보내진 후 이곳저곳을 전전하며 15년째 시설 생활을 하고 있었다. 중간에 잠시 집으로 돌아가기도 했지만, 아버지는 곧 그를 다시 장애인 시설에 보냈다. 면담이 끝날 무렵 그가 꼬깃꼬깃 접힌 쪽지를 책상 아래로 몰래 건넸다.

"우리 아버지한테… 꼭 좀 부쳐 주세요. 아버지가 빼 주지 않으면 평생 이렇게 살아야 해요. 저는 정말 반성하고 있어요… 술도 이제 안 마실 거예요."

다시는 사고 치지 않을 테니 자기를 데리고 나가 달라고 썼다며, 대신 꼭 부쳐 달라고 사정했다. 순간 눈물이 나올 뻔했다. 중죄를 지어 교도소에 갇힌 이들도 자유로이 우편을 주고받는 시대에, 장애인 시설에 있다는 이유로 편지도 마음대로 부치지 못하다니.

이들이 무슨 죄를 지었다고 평생을 수용소 같은 시설에 갇혀 살아야 하나? 장애를 가졌다는 이유로, 사회 적응이 쉽지 않다는 이유로 그들을 시설이라는 공간으로 보내 사회로부터 분리시키는 것은 과연 온당한가?

돌아오는 길 내내 마음이 먹먹하고 답답했다. 그가 가족과 함께 사회 속에서 살아갈 수 있길 기도하며 우체국으로 향했다. 부디 그의 아버지가 마음을 돌렸길 바랄 뿐이다.

## 끊이지 않는 장애인 시설의 인권 유린, 왜?

약자를 돕는 복지시설에서 끔찍한 인권 유린과 비리가 반복되는 이유가 뭘까? 많은 사회복지법인과 시설이 설립자 친인척 중심의 족벌 체제인 데다 극도로 폐쇄적 형태로 운영되기 때문이다.

재단 시설 비리 문제가 처음 사회적으로 알려진 것은 1996년 에바다 사건이 터지면서다. 에바다학교와 농아원 원생들은 폭력과 학대, 굶주림에 시달리다 못해 대통령에게 탄원서를 발송하고 농성에 들어갔다. 차마 믿기 어려운 에바다의 실체가 드러났다. 수억 원의 국고 빛 후원금 횡령, 작업장에서의 강제 노역, 성폭력, 인신매매, 장애아동 의문사 등 시설 비

　　　　　　　　　　　　　우리는 희망을 변론한다

리의 종합세트나 다름없었다.

에바다복지회는 최성창 목사와 누나, 동생, 조카 등이 주요 요직을 장악한 재단이었다. 장애인을 볼모 삼아 국고 지원을 받아 내 사리사욕을 채우는 데에는 혈연 중심의 폐쇄적 운영이 안성맞춤이다. 자기만의 성 안에서 권력을 휘두르며 무슨 짓을 하더라도 바깥에서는 잘 보이지 않는다. 이러한 구조적 문제가 해결되지 않는 이상 시설 인권 침해 문제는 계속될 수밖에 없다.

공감은 시설이 공공성과 투명성을 갖기 위해 사회복지사업법 개정이 반드시 필요하다고 여겼고, 2007년 공익이사 선임을 의무화하는 제도를 골자로 한 개정안을 만들어 국회에 제출했다. 이때 입법 발의의 직접적 계기가 된 것이 인화학교 성폭력 사건이었다. 맞다. 바로 몇 해 전 온 나라를 분노의 '도가니'로 몰아넣었던 그곳이다. 청각장애인 특수학교인 인화학교 역시 법인 설립자가 이사장, 첫째 아들이 교장, 둘째 아들이 행정실장을 맡았고, 처남과 동서 등 인척이 주요 직책을 독차지하는 등 족벌 경영의 폐해를 그대로 담고 있었다.

2005년 인화학교에서 학생들이 학교 교직원으로부터 수년간 성폭행을 당한 사실이 세상에 알려졌다. 하지만 법원은 끝내 솜방망이 처벌로 마무리 지었다. 사람들은 무관심했다. 당시 우리가 발의한 개정안 역시 한나라당과 법인, 종교단체들의 극렬한 반대로 입법이 무산되고 말았다.


집행유예로 석방되는 그들의 가벼운 형량이 수화로 통역되는 순간 법정은 청각장애인들이 내는 알 수 없는 울부짖음으로 가득 찼다.

공지영은『한겨레신문』인턴기자가 쓴 현장 스케치 기사의 마지막 문장을 읽고 난 후 소설『도가니』(2009, 창비)를 집필하기 시작했다고 한다.

"한 번도 경험해 보지 못한 그들의 비명소리를 들은 듯했고 가시에 찔린 듯 아파 오기 시작했다. 그 한 줄이 내 생의 1년 혹은 그 이상을 그때 이미 점령했던 것이다."

2011년 공지영의 원작 소설을 영화화한 〈도가니〉가 크게 흥행하며 복지시설 문제가 사회적 이슈로 떠올랐다. 인면수심의 가해자들과 그들을 비호하는 학교와 법인의 뻔뻔한 태도가 국민의 공분을 불러일으켰다. 이번에는 정치인들도 뒷짐 지고 있을 수만은 없게 되었다. 결국 인화학교가 폐쇄되고 법인은 허가가 취소되었다.

같은 해 11월, 일명 '도가니법'이라고 불리는 사회복지사업법 개정안이 드디어 국회를 통과했다. 아동 및 장애인에 대한 성폭력의 처벌을 강화하고 공소시효를 폐지하며, 사외이사제 도입을 골자로 하고 있다. 도가니 신드롬이 일어난 지 3개월, 공감을 비롯한 여러 장애인단체가 힘을 모아 시설인권연대 활동을 시작한 지 7년 만의 성과였다.

## 장애인 보호 시설?
## 실상은 '격리' 시설

도가니법 제정은 의미 있는 진전이다. 장애인 시설의 비리와 노골적 인권 침해 문제를 개선하는 데 큰 역할을 할 것이다. 이로써 해피엔딩일까? 영화라면 그럴지도 모르겠다. 하지만 현실에는 더 큰 숙제가 남아 있다.

   우리는 희망을 변론한다

2011년 1월, 도가니대책위원회 활동가들과 함께 사회복지사업법 개정을 청원하는 8만여 명의 서명지를 국회에 전달했다. 서명지를 들고 있는 염형국 변호사(오른쪽에서 세 번째).

시설에 폭행과 폭언, 감금, 강제 노동 등의 극단적 인권 침해가 없다고 그 안에서의 삶이 인간답다고 말할 수 있을까? 하루 종일 멍하니 TV만 보는 삶에 만족하라는 것 역시 끔찍한 폭력이 아닐까? 시설 생활은 군대나 감옥에서의 생활과 비슷하다. 그곳에서는 스스로 무언가를 선택할 기회를 갖지 못한다. 주는 대로 먹고, 정해진 옷을 입어야 한다. 앞날에 대한 기대가 없다는 점에서는 어쩌면 더 절망적일지 모른다.

2010년 공감은 미신고 시설로 남아 있는 전국의 22개 장애인 시설에 대한 인권 실태조사에 참여했다. 시설 생활자들의 진술은 가슴이 아팠다.

"10년 이상 외출해 본 적이 없어요."

"바로 아래에 있는 슈퍼마켓에도 가 본 적이 없습니다."

"오늘은 이 벽을 보고 누웠다가, 지겨워서 다음날은 저 벽을 보고 누워요."

"30년 만에 내 이름을 불러 주는 사람을 처음 만났어요. 눈물이 납니다."

어느 정책 토론회에 참석한 장애인은 시설에서 나와 자립 생활을 하고 있었는데, 치가 떨린다는 듯 시설 생활을 회고했다.

"저는 한 시설에서 12년을 살면서 매일 미역국만 먹었습니다. 그래서 저는 미역국이 정말 싫습니다."

시설에서 오래 생활한 이들에게는 이른바 '시설병'이 생긴다고 한다. 시설에서 오랫동안 생활하다 보니 점점 바깥세상에 나가기가 두려워지고, 무기력과 체념이 습성처럼 몸에 밴다. 아무런 꿈과 희망도 없이, 그저 주어진 대로 사는 데 익숙해지는 것이다. 시설에서 나갈 수 있나고 해도, 두려움 때문에 차마 사회로 발을 내딛지 못하게 된다.

 우리는 희망을 변론한다

# 불쌍한 장애인이 아닌
# 당당한 시민으로 살고 싶다

2010년 충북 음성의 장애인 시설에 살던 중증 장애인 두 명이 관할 군청에 사회복지서비스 변경 신청을 했다가 퇴짜를 맞았다. 그들은 지역사회 속에서 자립해 살기를 원했고, 그에 맞는 서비스를 지원해 달라고 신청했다.

매일 똑같이 먹고 자고 하는 생활을 이제는 더 이상 하고 싶지 않습니다. 그동안은 저 같은 사람들이 나가서 살 수 있다는 것을 알려 주는 사람들이 없었습니다. 그러나 저와 같은 뇌성마비 장애를 갖고 있는 사람들이 지역에서 살면서 자유롭게 일도 하고 활동도 하는 모습을 보았습니다. 저도 나가서 자립도 하고 공부도 하고 이성친구도 사귀고 보통 사람들처럼 살고 싶었습니다. 어려운 꿈이지만 저도 꿈을 갖고 살고 싶습니다. 불쌍한 장애인이 아닌 당당한 시민으로 살고 싶습니다.

(음성군청에 보낸 편지 중에서)

사회복지사업법 제33조에 따르면 복지 서비스를 이용하는 당사자는 자신에게 필요한 서비스를 요청할 수 있다. 이를 근거로 마련된 '사회복지서비스 신청제도'에 따라, 관할 기관은 욕구조사를 하고 결정 절차를 거쳐 신청인에 맞는 서비스를 제공해야 한다. 그러나 음성군청에서는 두 사람의 요청에 대해 동문서답으로 일관했고, 욕구조사도 하지 않았다. 사실상의 거부였다.

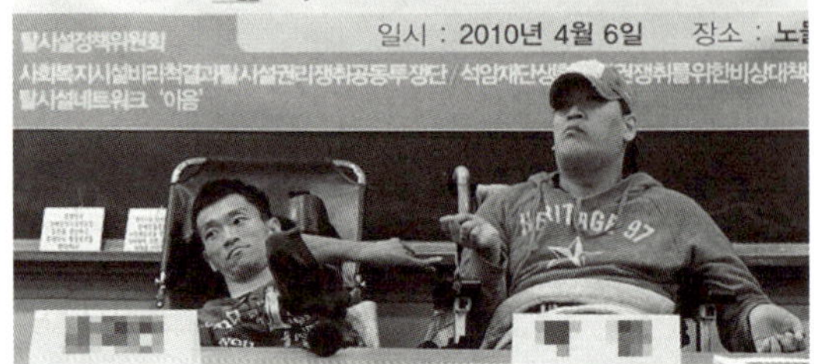


음성군청은 시설에서 자립해 살기를 원했던 두 사람의 사회복지서비스 변경 신청을 거부했다. 이들은 음성군청을 상대로 행정소송을 제기했다. 사진은 소송을 내기 전인 2010년 4월 6일에 가진 기자회견.

공감과 연대 활동을 하는 탈시설정책위원회는 이들을 도와 사회복지서비스 변경신청거부처분에 대한 취소소송을 진행했다. 시설 장애인의 '탈시설'을 도모한 첫 소송인 동시에, 유명무실했던 '사회복지서비스 신청권'에 근거한 첫 소송이었다.

1999년 미국 연방대법원은 '장애인을 불필요하게 정신병원에 장기 입원시켜 사회로부터 격리하는 것은 차별이 될 수 있다'는 판결을 내렸다. 미국의 장애인 운동에 새로운 전환점을 가져왔다고 평가되는 '옴스테드 판결'이다. 이후 주 정부는 장애인이 '가능한 한 통합적인 환경'에서 서비스를 받을 수 있도록, 시설 중심에서 지역사회 중심의 서비스를 제공하는 방향으로 정책을 전환하기 시작했다. 우리도 옴스테드 사건과 같은 판결을 한국에서 이끌어 내고 싶었다.

아쉽게도 소송은 패소했다.* 하지만 두 사람은 장애인단체의 지원을

---

* 이들과 힘께 같은 취지의 행정소송을 서울 양천구를 상대로 제기했던 황 씨는 승소 판결을 받았다. 서울행정법원은 "양천구청장의 거부처분은 적법한 복지요구 조사를 하지 않은 절차적 하자가 있고, 나아가 재량권의 남용에 해당하는 위법성이 있다"고 판단했다.



우리는 희망을 변론한다

받아 보증금 1000만 원짜리 집을 구해 자립 생활을 시작했다. 15~20년이 넘도록 시설에 산 이들에게 자립 생활이 쉽지만은 않다. 24시간 활동보조인의 도움도 필요하다. 하지만 무얼 먹고, 누굴 만나고, 어디를 갈지 스스로 선택하는 삶이 기쁘다.

"(심지어 가족조차) 시설에 있으면 다 알아서 해주는데 왜 그러냐고…. 사람으로 살면서 그게 다가 아니잖아요. 내가 느끼는 기쁨, 그런 것이 없으면 아무리 좋아도 천국이 지옥이 되고, 지옥에서도 내가 기뻐하면 그게 천국이 되죠."

장애인도 자유롭고 독립적으로 살고자 하는 욕구가 있다. 조사 결과에 따르면 3~4인 규모의 그룹홈에서 생활하는 지적장애인 중에도 여건이 되면 그룹홈을 나와 독립된 공간에서 살고 싶다는 이들이 있었다. 하지만 우리 정부의 장애인 정책은 자립에 대한 인식 자체가 미흡하다. 국내 장애인 시설 수는 해마다 증가하고 있다. 2001년 203개소에서 2011년 490개소로, 입소자 수는 2001년 1만7,720명에서 2008년 2만5,345명으로 꾸준히 증가 추세다. 이와 대조적으로 해외 선진국들은 불필요한 격리 수용을 지양하고, 재가 서비스를 지원하는 방향으로 정책을 가져가고 있다.

인간은 누구나 사회 속에서 어울리며 살려는 본능이 있다. 장애가 있다고 건강한 삶의 욕구를 포기해야 할 이유는 없다. 하지만 지금 우리 사회는 보호라는 미명 아래 장애인을 사회로부터 집요하게 분리시키고 있다. 독립에 따르는 위험과 실패조차 그들 스스로 받아들일 수 있음을, 그것이 인간다운 삶의 한 부분임을 인정할 수는 없을까?

# 우리 아파트에
# 장애인은 못 살아

1975년 12월 유엔총회에서 채택된 「장애인권리선언」은 「유엔헌장」과 「세계인권선언」의 정신에 입각해 모든 (심신)장애인이 타인과 똑같은 권리를 갖는다고 인정하고, 그들이 가족과 함께 살 권리, 사회적 활동에 참여할 권리가 있음을 명시한다. 하지만 어떤 사람들은 자기들만이 그럴 권리가 있다고 여기는 듯하다. 정신장애인이 주변에 사는 게 싫다는 이유로 아파트 주민이 똘똘 뭉쳐 한 가족을 협박하고 괴롭힌 사건이 있었다. 평범한 우리 이웃이 그랬다는 게 더욱 착잡했다.

2009년 6월, 화성의 한 아파트 입주민들은 주민대책회의를 구성했다. 같은 아파트에 사는 정신장애인 남성과 그 가족에게 이사를 요구하기 위해서였다. 주민들은 베란다 앞에 진을 치고 가족들에게 "정신병원에 입원시켜라" "집에 다시는 돌아오지 못하게 하라"고 외쳤다. 견디다 못한 가족은 아들을 병원에 입원시켰다. 4개월 후 통원 치료로 충분하다는 의사 소견에 따라 아들이 다시 집에 돌아왔다. 그러자 주민들은 퇴원 다음 날부터 몰려와 이사를 종용했다. "험한 꼴을 봐야 알겠느냐"며 협박도 서슴지 않았다. 가족이 이사를 가지 않고 버티자 입주자 대표는 '정신질환자 세대 강제전출 및 정신질환자 강제수용'을 요청하는 탄원서를 만들어 청와대를 비롯한 6개 공공기관에 제출했다. 주민들에게는 근거 없는 허위사실을 유포해 '정신질환자'가 연상시키는 잘못된 공포와 불안을 퍼뜨렸다. 집 주소를 그대로 노출시킨 강제 전출 동의서를 돌리며 서명을 받고 다녔다.

급기야 아파트 방송까지 동원했다. 아파트에 위험한 정신질환자가 살고 있다는 방송이 아침저녁으로 나왔다. 방송을 듣고 흥분한 100여 명의 주민들이 피해자의 집으로 몰려가 계속 초인종을 누르고 문을 두들겼다. 돌도 지나지 않은 어린 아기는 자지러지게 울음을 터뜨렸다. 베란다 모기장을 찢어 확성기를 들이대고는 "떠나라! 불안해 살 수 없으니 떠나라!"고 악을 썼다. 겁에 질린 어머니의 신고로 경찰이 출동하고 나서야 소동은 간신히 멈췄다. 물론 그걸로 끝은 아니었다. 소식을 듣고 부랴부랴 회사에서 달려온 누나와 아버지는 노인정 가득 모인 사람들 앞에 서야 했다. 마치 인민재판처럼.

"정신병자를 방치한 것들이 무슨 말이 그렇게 많아?"

"불쌍한 건 불쌍한 거고, 이사 가란 말입니다!"

"이렇게까지 하는데 뭐가 그렇게 애착이 남고 애틋하다고… 사람들 얼굴 어떻게 보려고 이사를 안 가?"

주민들은 인신공격과 욕설을 퍼부으며 이사 간다는 각서를 쓰라고 윽박질렀다. 공포스럽고 한편 너무 억울했다. 참다못한 피해자 가족은 부당한 차별에 맞서기로 했다. 2009년 10월, 아파트 입주자 대표자들을 명예훼손과 강요죄로 형사고소했다. 2010년 2월에는 장애인 인권단체와 사회복지기관, 학계가 나서 탄원서를 모아 검찰에 기소를 촉구했다. 정신장애가 있다는 이유로 지역사회에서 부당한 인권 침해를 당하지 않도록 도와 달라는 호소에 1,500명이 넘는 사람들이 동참했다.

그럼에도 모든 고소 사실에 대해 검찰의 불기소 결정, 항고 기각 결정이 내려졌다. 굴복할 수는 없었다. 공감은 인권단체와 함께 서울고등법원에 재정신청*을 제출했다. 2010년 8월 법원은 입주민 대표자들(입주민대표자회의 회장, 부녀회장, 노인회장)의 강요죄에 대해 공소제기 결정을 내렸다. 드디어 재판이 개시되었다. 검찰 측의 무죄 구형 후 판결 선고가 두 차례나 연기되는 우여곡절 끝에, 2011년 9월 법원은 각서 작성에 주도적으로 가담한 부녀회장과 노인회장에 대해 각각 징역 1년, 집행유예 2년형을 선고했다.

사건은 아직 진행 중이다. 항소심 재판부는 '강제로 각서를 작성하게 한 것으로 보기는 어렵다'며 무죄를 선고했다. 검찰에서 상고하여 지금은 대법원에 올라가 있는 상태이다.


## 정신질환자, 잠재적 가해자 아니다

정신장애인에 대해서는 사회로부터 격리해야 한다는 생각이 더욱 공공연하다. 장애인 인권을 옹호하는 이들조차 정신장애인에 대해서는 멈칫하곤 한다. 그들이 언제 터질지 모르는 폭탄, 곧 '잠재적 범죄자'라는 편견이 작동해서다.

대구 지하철 화재 참사가 일어났을 때 언론은 '정신병자'가 저지른 일로 몰아갔다. 하지만 방화범은 뇌졸중 후유증으로 한쪽 팔과 다리가 불편한 뇌병변 장애를 앓고 있었을 뿐이다. 범죄 전문가들에 따르면 정신질환

★ 고소를 받은 검사는 3개월 내에 수사를 완료해 공소제기(검사가 형사사건에 대해 법원의 재판을 청구하는 신청), 즉 기소 여부를 결정해야 한다. 검사의 불기소 처분에 불복하는 고소인은 일정한 기간 내에 그 검사가 속하는 지방검찰청을 거쳐 관할 고등검찰청장에게 항고할 수 있고, 항고 기각 처분에 대해서는 대검찰청에 재항고하거나 관할 고등법원에 재정신청할 수 있다.



우리는 희망을 변론한다

자들이 일으키는 범죄의 특성은 '계획성이 없다'는 것이다. 범죄를 치밀하게 계획하는 일 자체가 불가능하다. 하지만 사회에 엽기적 사건이 발생할 때마다 사람들은 쉽게 "이건 또 어느 정신병자가 저지른 짓이야?"라고 말한다.

이런 식의 낙인은 정신장애인와 그 가족으로부터 인간다운 삶을 빼앗는다. 공동체로부터 심각한 따돌림을 당하기 때문이다. 정신장애가 있다는 것이 알려지면 사회적 사형선고를 받는 것이나 마찬가지다. 그래서 많은 이들이 자신의 장애를 밝히지 못한 채, '들키면 어쩌나' 하는 불안 속에서 살고 있다.

어떻게 보면 흔하다고도 할 수 있는 병이 정신질환이다. 2011년 기준으로, 우리나라에 (알코올과 니코틴 사용 장애를 제외하고) 정신질환을 앓고 있거나 정신과 치료를 필요로 하는 인구가 전 국민의 14.4퍼센트로 약 466만 명에 이르렀다. 누구에게나 찾아올 수 있는 가벼운 우울증을 포함한다면 그 숫자는 실로 어림할 수 없을 만큼 많아질 것이다(우울증도 정신질환의 일종이다. 장애인복지법은 우울증 환자를 정신장애인으로 규정한다). 그럼에도 국가는 공익을 들먹이며 정신장애인에게 폭력적인 집단 따돌림을 가한 이들을 처벌하지 않았다. 이는 정신장애인의 인권을 다른 시민과 같은 수준으로 보호해 주지 않겠다는 선언에 다름 아니다.

무턱대고 그들을 잠재적 범죄자로 치부해서는 안 된다. 오히려 그들이야말로 어떤 집단보다 억압받는 사회적 약자임에 주목해야 한다. 우리 사회에서 정신장애인의 지위는 장애인 중에서도 가장 열악하다. 아무도 그들의 목소리를 진지하게 들으려 하지 않기 때문이다. 강제로 시설에 들어가거나 병원에 수용되는 일도 더 빈번하다. 2011년 기준으로 정신병원에 입원해 있는 환자 수는 6만7,223명에 이른다.

2007년 여름, 국가인권위원회 조사관들과 함께 어느 정신병원을 방문했었다. 항간의 표현 그대로, 야트막한 언덕 위에 하얀 집이 우뚝 서 있었다. 거기서 만난 한 중년 남성은 입원 환자의 신분이었지만, 1년 이상 진료를 받지 않았고 약도 전혀 먹지 않는다고 했다. 퇴원할 의지는 없어 보였다. 오히려 매달 50만 원 남짓 받으며 관리직원 역할을 하고 있었다. 88올림픽이 개최된 해에 입원했다는 할머니도 정신은 또렷해 보였으나 병원 밖으로 나갈 의지도, 생활할 능력도 잃어버린 상태였다. "20년 이상 먹여 주고 입혀 준 병원이 나쁘지 않다"는 말만 되풀이했다.

## 장애인 '전용'이 필요 없는 세상을 꿈꾸며

예전에는 동네에 '바보 형'이 배회하는 풍경이 낯설지 않았다. 괜히 구박하고 놀리기도 했지만, 어쨌든 동네 사람들은 그를 보살피며 함께 어울려 살았다. 시간이 흐르고, 그들은 지역 사회에서 자취를 감췄다. 사람들의 시선에 떠밀려 집에 갇혀 지내거나 멀리 병원이나 시설에 수용된 채 살아가야 하기 때문이다.

다름과 차이가 용납되지 않는 사회는 나치가 지배하던 20세기 초반의 독일과 다름없다. 600만 명의 유태인과 장애인을 학살한 히틀러와 나치당은 하늘에서 뚝 떨어진 게 아니었다. 우리가 선진 시민으로 우러러보는 독일 국민이 직섭 민주적 투표를 통해 신출했다. 광기에 가까웠던 구분 짓기의 폭력은 결국 모두를 불행에 빠뜨렸다. 불편을 감수하고라도 다

   우리는 희망을 변론한다

름과 차이를 받아들이는 일은 그래서 중요하다. 그것이 결국 우리 모두의 인권을 지키는 일이기 때문이다.

2006년 12월 유엔에서 제정한 「장애인권리협약」[*]은 '보편적 디자인' 이라는 개념을 제안한다. 누군가의 '전용'이 필요 없는 세상을 디자인하자는 발상이다. 온갖 제품과 시설, 서비스, 시스템 등에 대해 애초에 장애와 비장애, 남녀노소를 구분하지 않고 모두가 사용하기 용이하게끔 설계한다면? 장애가 더 이상 장애가 아닌, 작은 불편에 그칠 수도 있다.

마찬가지로 우리 마음이 애초에 사람 사이 불필요한 구분 짓기를 하지 않는다면 얼마나 좋을까 생각해 본다. 언젠가부터 우리나라 사람들은 남과 달라지기를 극도로 두려워하기 시작했다. 경계 밖으로 밀려나면 얼마나 비인간적 상황에 처하는지 알고 있기 때문이다. 나만 안으로 들어가려 발버둥치기보다, 테두리 자체를 넓혀 모두 함께 어울려 산다면 더 편하지 않을까?

장애인들은 "함께 살고 싶다"고 외치고 있다. 그 바람을 가로막는 장애물을 함께 치워 나가는 것은 우리 스스로를 위하는 일이기도 하다. 장애인이 불편 없이 살 수 있는 세상이라면, 장애가 없는 사람이 지내기에도 아무런 불편이 없을 것이다. 사회적 약자가 권리를 침해당하지 않는 세상이라면, 누구든 그럴 걱정 없이 맘 편하게 살아갈 수 있을 것이다. 그것이 바로 함께 사는 세상이다.

[*] 이 협약은 국제 인권 조약 중에서 한국 정부와 민간 인권단체가 적극적으로 참여한 유일한 조약이다. 이에 따라 우리나라는 2007년 '장애인 차별 금지 및 권리 구제 등에 관한 법률(장애인차별금지법)'을 제정해 시행하고 있다.

장애인의 탈시설을 돕기 위해 이음장애인자립생활센터에서 주관하는 '이음여행' 참여자들이 도시 체험에 나섰다. 휠체어 아홉 대가 인사동 거리에 나타나자 사람들의 시선이 그곳으로 쏠린다. 그리고 저 뒤로 목소리가 들려온다. "어머, 오늘 무슨 장애인 행사 있나 봐!" 초대받지 않은 이방인들이 힘차게 휠체어를 밀고 도시 속으로 들어선다.



우리는 희망을 변론한다

# 우리는 노동자다, 노예가 아니다

이주노동자 두 번 울리는 고용허가제

윤지영 변호사

얼마 전 천안에 있는 활동가로부터 연락이 왔다. 천안의 한 공장에서 함께 일하는 이주노동자 사이에 살인 사건이 났다며, 와서 도와줄 수 있냐고 물었다. 일반적인 살인 사건이라면 공감이 굳이 개입할 필요가 없을 것이다. 하지만 사건의 발단이 이주노동자들이 기거하는 열악한 기숙사 시설 때문이라고 했다. 대체 무슨 일이 있었던 걸까?

## 열악한 기숙사 환경이 부른 비극

이주노동자 무함마드(가명)와 루미(가명)는 천안의 자동차 부품 공장에서 일했다. 공장 일은 이른 아침부터 시작해서 늦은 저녁에야 마무리되었다. 그날도 둘은 힘들게 공장 일을 마치고 기숙사로 돌아왔다.

공장은 이주노동자들의 숙식을 위해 공장 건물 바로 위에 패널로 만든 가건물을 올렸다. 최대한 많은 인원을 수용하기 위해 내부는 칸막이로 촘촘히 나눠 놓았고, 칸막이를 천장 끝까지 올리지 않아 방과 방 사이에 달린 형광등 한 개의 빛이 방 두 개를 밝히는 형태였다.

무함마드는 바로 잠자리에 들었다. 너무 피곤해 얼른 쉬고 싶었지만 형광등 불빛이 잠을 방해했다. 루미가 부엌에 불을 밝히고 음식을 만들고 있었던 것이다. 루미가 부엌에서 형광등을 켜는 바람에 무함마드가 잠자던 방도 동시에 환해졌다. 달그락거리는 소리도 여간 거슬리는 게 아니었다. 무함마드는 참지 못하고 일어나 루미에게 불을 끄라고 요구했다. 루미는 허기를 달래야 잠이 올 것 같았다. 좁은 부엌에서 둘은 옥신각신했다.

"잠 좀 자자, 불 꺼!"

"배가 고파서 잠이 안 와, 좀 참아!"

둘의 싸움은 점점 거칠어졌고, 결국 사달이 나고 말았다. 무함마드가 루미를 죽인 것이다.

현장에 도착해서 본 기숙사 시설은 말로 들은 것보다 더 좁고 열악했다. 이런 곳에서 사람이 살 수 있을까 싶었다. 좁은 공간을 열두 명이 사용하고 있었고, 샤워기는 한 대밖에 없었다. 부엌에는 작은 싱크대에 낡은 가스레인지 하나, 수도꼭지가 전부였다. 바퀴벌레가 제 집인 마냥 활보하고 있었다.

그런데도 사장은 기숙사비 명목으로 매달 20만 원씩 꼬박꼬박 받고 있었다. 사장을 만나 기숙사 시설에 문제가 있고, 따라서 사장한테도 책임이 있다고 말했다. 그러자 사장은 오히려 언성을 높였다. 입혀 주고 먹여 주는데 도대체 뭐가 문제냐는 식이었다. 오히려 직원들이 조사를 빈으러 계속 경찰서에 드나드느라 공장이 제대로 안 돌아간다고 투덜거리며, 심지어 이주노동자들이 밤에 술을 마시지 못하도록 단속하겠다는 계획을 세우고 있었다. 그가 밤낮으로 자기 회사를 위해 일하는 이주노동자를 직원은커녕 과연 사람으로는 생각하고 있는지 의문이 들었다.

## 화장실 없는 일터, "볼일은 밭에서 봐"

최근 공감에서는 이주단체들과 함께 '농축산업 이주노동자 인권 실태조사'를 진행했다. 젊은 사람들이 떠난 농촌에서 이제는 이주노동자들이 일손을 대신하고 있다. 하지만 이들의 현실은 생각보다 참담했다. 노동자로서 제대로 대우 받지 못하는 것은 물론이고, 노예나 기계처럼 혹사당하는 일이 많았다. 이주노동자는 따로 거처를 마련하기 어렵기 때문에 대개 고용주가 마련한 숙소에서 숙식을 해결하는데 그 생활환경 역시 몹시 열악했다. 조사 참여자의 67.7퍼센트가 패널이나 컨테이너로 된 가건물에서 지내고 있었다. 외진 벌판에 세워진 가건물은 추위와 더위에 취약하다. 안전장치도 미비해 특히 여성 노동자들은 성폭력의 위험에 무방비로 노출되어 있었다.

실태조사와 관련해 앰네스티 한국지부에서 일하는 활동가와 만나 이야기를 나누다가, 〈세상에 이런 일이〉에나 나올 법한 사연을 전해 듣기도 했다.

포천의 어느 농장에서 일하게 된 이주노동자들 역시 농장 기숙사에서 생활해야 했다. 그런데 황당하게도 이 기숙사에는 당연히 있어야 할 화장실이 없었다. 화장실을 만들어 달라고 하자 농장주는 "그냥 밭에다 해결하라"며 꿈쩍도 하지 않았다. 결국 이주노동자들은 3개월이 넘도록 밭에서 대소변을 봤다.

날씨가 좋을 때는 그나마 괜찮았다. 하지만 비가 오거나 추운 날이 문제였다. 지난겨울은 기록적인 한파가 몰아쳤지만, 여전히 대소변을 해결하기 위해 그들은 밭으로 향해야 했다. 참다못한 이주노동자들이 지역 고용센터를 찾아가 일터를 바꾸고 싶다고 말했다. 하지만 '화장실이 없다는 이유만으로 일터를 바꿀 수 없다'는 것이 고용센터의 답변이었다.

또 다른 농장의 이야기. 이번에는 목욕시설이 없었다. 농장주는 밭 옆에 간이 천막을 이용해 씻을 공간을 마련했다. 그런데 어느 날 지나가던 동네 주민이 천막 안으로 들어와 샤워하던 여성 이주노동자를 뒤에서 끌어안는 일이 벌어졌다. 피해 여성은 농장주를 찾아가 '마음 놓고 씻을 수 없으니 제대로 된 시설을 만들어 달라'고 했다. 하지만 농장주는 이렇게 대답했다.

"또 그런 일이 생기면 그때 가서 만들어 줄게."

## 이주노동자가 우리 일자리를 빼앗는다?

한때 가무잡잡한 얼굴의 이주노동자 캐릭터가 등장해 "사장님 나빠요" 하던 코미디 프로그램이 인기를 끌었다. 여기에는 우리 사회의 불편한 일면을 드러내는 날카로움이 있었다. 이주노동자가 노예처럼 취급받는 현실을 만드는 것이 비단 '사장님'만이 아님을 모두가 알고 있기 때문

　　　　　　　　　　　　　우리는 희망을 변론한다

이다.

　고용주의 ‘나쁜’ 행태가 가능한 것은 일차적으로 국가 정책이 뒤에서 받쳐 주고 있어서다. 정부는 노동자로서 이주노동자가 갖는 권리를 인정하려 하지 않는다. 거기에다 일반적인 국민 정서 역시 이주노동자들에게 배타적이다. ‘그들은 우리와 다르다’며 철저히 선을 긋고, 대한민국 국민이 아니라는 이유로 차별을 묵인하거나 당연시한다. 그런 반면 백인들은 호감을 가지고 대한다. 이주노동자가 백인이라면, 또는 잘사는 나라에서 온 사람이라면, 지금처럼 함부로 그들을 대하고 있을까?

　‘이주노동자’는 누구인가? 쉽게 말하면, 다른 나라에서 우리나라로 건너와 일하고 있는 사람들이다. 외교관, 어학원 강사, 외국계 기업 임원 등도 여기에 포함되겠지만, 우리가 이주노동자라고 부를 때는 대개 단순하고 반복적인 일을 하는 사람들을 일컫는다. 법적으로 따지면, 비전문취업(E-9) 비자를 받은 외국인과 방문취업(H-2) 비자를 받은 조선족 동포가 여기에 해당한다. 2011년 법무부 발표에 따르면, 비전문취업 비자를 받은 외국인은 23만 명, 방문취업 비자를 받은 조선족 동포는 30만 명이 넘는다. 비자 없이 일하는 사람들, 흔히 ‘불법 체류자’라고 불리는 미등록 이주노동자의 숫자까지 합치면 약 70만 명의 이주노동자가 우리나라에서 일하고 있다.

　이렇듯 많은 이주노동자가 우리와 함께 살아가고 있지만 공동체의 일원으로 받아들여지기보다, 오히려 그 수가 많아질수록 사람들의 배타적인 시선은 더해지고 있다. 대표적인 근거로 사람들은 흔히 ‘이주노동자들이 잔뜩 들어와 국내 노동자들의 일자리를 빼앗고 있다’고 주장한다. 하지만 이는 명백한 오해다. 이들은 국내의 노동력 부족을 해소하기 위한 정부의 정책에 따라 우리나라에 들어온 것이다. '이주노동자들은 한국인이 꺼리는 곳에서 일한다'고 보는 게 맞다. 앞에서 이야기한 농축산업 이주노동자들도 그런 경우에 해당한다. 정부가 이주노동자를 들여와 인력난에 허덕이는 농촌으로 보내고 있는 것이다. 화학물질을 다루는 공장처럼 작업 환경이 위험하거나 고된 육체노동이 필요한 다른 분야도 마찬가지 상황이다. 일은 힘들고 돈은 적게 주는 곳에서 일하려는 사람이 턱없이 부족하기 때문에 그 공백을 이주노동자들이 채우고 있다.

## 예전보다 이주노동자의 처지가 좋아졌다?

그러다 보니 이주노동자는 저임금, 장시간 노동, 산업 재해는 물론 온갖 부당한 대우에 시달리고 있다. 어느 이주노동자의 근로계약서에는 근로시간 350시간, 임금 128만 원이 적혀 있었다. 하루도 쉬지 않고 매일 12시간 일하는 셈이다. 2010년 조사 결과를 보면, 이주노동자들은 월 평균 297시간, 하루 평균 11.5시간 일하고 있었다.[*]

　일하는 만큼 돈을 받는 것도 아니다. 이주노동자의 임금은 대개 최저임금 수준이며 잔업, 야근, 특근 등을 포함해도 월 평균 120만 원이 조금 넘는다. 2008년 제조업 분야에 대해 진행한 외국인력 실태조사 결과에 따르면, 똑같은 시간 동안 똑같은 일을 할 때 이주노동자는 한국인 노동자

[*] 2010년 4월 대구이주노동자연대회의가 성서공단, 달성공단 등에 근무하는 이주노동자 322명을 상대로 노동실태를 조사한 결과이다.



우리는 희망을 변론한다

2012년 9월 23일 서울역 앞에서 '전국 이주노동자 투쟁의 날' 집회가 열렸다. 이명박 정부의 계속되는 고용허가제 개악에 참다못한 이주노동자들이 분노를 터뜨린 것. 참가자들이 피켓을 들고 "우리는 노예가 아니다"라는 구호를 외치고 있다.

의 70퍼센트 수준의 임금을 받고 있었다. 여기에서 기숙사비, 식비를 공제해 가고 나면 손에 들어오는 돈은 더 줄어든다.

많은 고용주들이 좁은 컨테이너 박스나 패널로 만든 가건물에 여러 명을 몰아넣고는 기숙사비를 따로 받는다. 심지어 전기세, 수도세, 청소 및 오물 수거비까지 임금에서 공제하는 경우도 있었다. 앞의 사례에서 보듯, 소규모 사업장은 샤워실이나 화장실조차 제대로 갖추지 않은 경우가 허다하다.

이주노동자가 주로 일하는 곳이 국내 노동자가 기피하는 힘들고 위험한 사업장이다 보니 산업재해의 위험에도 더 많이 노출되어 있다. 운이 나쁘면 심하게 다치거나 장애인이 되어 본국으로 돌아가기도 한다. 돌아가고 나서 후유증에 시달리는 경우도 있다. 하지만 회사는 산재보험 신청에 인색하고, 정부는 이렇다 할 대책을 마련하지 않고 있다.

근로 조건만 열악한 것이 아니다. 폭언이나 폭행, 성폭력에 시달리고, 부당한 차별과 비인간적 처우도 감내해야 한다. 한 실태조사에 따르면, 응답자의 40퍼센트 이상이 일하면서 폭언 및 욕설을 경험했다고 답했다. 화장실에 갈 때마다 벌금을 매기는 회사, 청소를 하지 않았다고 때리는 고용주 등 기막힌 사례가 쏟아져 나온다. 일하다 도망가지 못하도록 여권, 외국인등록증, 통장을 회사가 강제로 빼앗아서 보관하는 경우는 전체 이주노동자의 30퍼센트에 이르고 있었다.

1990년대까지는 이주노동자가 산업연수생 제도를 통해 국내에 들어왔다. 이들의 고용주는 근로기준법을 지킬 필요가 없었다. 산업연수생, 즉 일을 배우는 사람은 노동자가 아니라는 이유에서였다. 산업연수생들은 심각한 착취를 당했다. 그때는 동정 어린 시선이라도 보내는 사람들이 많았다. 그러나 고용허가제가 도입되며 이주노동자에게 법적 지위가 부여된 이후부터는 사람들 머릿속에 '예전보다 이주노동자의 지위나 대우가 좋아졌다'는 오해가 자리 잡았다. 실상 형식적인 지위일 뿐, 이주노동자는 예나 지금이나 노예처럼 생활하고 있지만 사람들은 더 이상 관심을 갖지 않는다. 이런 오해 속에서 이주노동자들은 우리 사회에서 더욱 고립되고 있다.

## 욕하고 때려도 일터를 옮길 수 없다

앞서 언급한 기막힌 사례들을 읽다 보면 '그만두고 다른 데서 일하면 되지 않나?' 하는 생각이 자연스럽게 들 것이다. 보통의 한국 노동자는 그러면 된다. 하지만 이주노동자들은 그럴 수 없다.

한국 정부는 말 많던 산업연수생 제도를 폐지하고 2004년부터 고용허가제를 도입해 아시아 지역 15개 국가와 양해각서(MOU)를 맺고 인력을 들여오고 있다. 이주노동자는 최초 3년 동안 일할 수 있고, 사업주가 재고용하면 1년 10개월 동안 더 일할 수 있다. '외국인근로자의 고용 등에 관한 법률(고용허가제법)'에 따라 이주노동자는 노동자의 지위를 인정받고 노동관계법의 적용을 받는다.

정부가 이주노동자를 들여오는 목적은 일손이 부족한 곳에 값싼 노동력을 공급하는 데 있다. 따라서 고용허가제는 절대적으로 사용자의 편익에 중심을 두고 있다. 애초부터 이주노동자의 권리를 챙기는 데는 관심이 없다. 누구나 힘들고 위험한 일은 하기 싫다. 이주노동자도 이왕이면 안전하고 쾌적한 일터에서 일하고 싶기 마련이다. 그래서 고용허가제는 이주노동자가 쉽게 회사를 그만둘 수 없도록 만들어 놓았다. 쉽게 말해, 사용자가 오랫동안 이주노동자를 부릴 수 있도록 법률로 정하고 있다.

이주노동자들은 계약 기간이 끝나기 전에는 사업주가 '사업장변경사유확인서'에 서명해 주지 않는 이상 아무리 근로 조건이 열악해도 계속 일할 수밖에 없다. 휴업, 폐업, 폭행, 성희롱, 심각한 임금체불 등 법률에서 정한 엄격한 사유에 해당하는 경우 일터를 옮길 수 있지만, 이 때에도 정부에서 만든 고용센터의 허가를 받아야만 한다.

고용센터는 공평무사할까? 때론 법보다 더 딱딱한 게 행정이다. 이주노동자의 권리를 보장하는 법이 마련되더라도 정부는 이를 최소한으로 적용하곤 한다. 사례를 살펴 보자.

이주노동자 A는 같이 근무하던 한국인 직장 동료로부터 폭행을 당했다. 가해자는 벌금형을 받았다. 피해자인 A는 여전히 그가 두렵고, 폭행이 재발할 수 있다고 여겨 사업장 변경 신청을 했다. 하지만 고용센터에서 이를 허가하지 않았다.

폭행을 당했다는 법원의 판결문까지 있는데도 사업장 변경을 허가하지 않다니, 어이가 없었다. 사실 확인을 위해 고용센터에 전화를 걸었다. 담당 직원은 '사장이 때린 게 아니기 때문에 사업장을 바꿀 수 없다'고 설명했다. '허가하지 않는 것은 직무유기다. 만약 의뢰인에게 불이익이 생기면 국가배상청구를 하겠다'는 협박 아닌 협박으로 담당 직원을 설득해 보았지만 소용이 없었다. 할 수 없이 정식으로 의견서를 작성해서 고용센터장에게 발송했다. 그러고서야 한참 후 A는 사업상 변경 허가를 받을 수 있었다.

　　　　　　　　　　　　　　　우리는 희망을 변론한다

# 고용허가제가 원하는 건
## '일회용 노동자'

일터를 바꾸는 것도 어렵지만, 횟수에도 제한이 있다. 이주노동자는 국내에서 일하는 3년 동안 최대 3번까지만 직장을 옮길 수 있다. 이동 사유가 본인에게 있지 않아도 횟수 제한은 그대로 적용된다. 사업주가 회사 사정이 나빠졌다며 갑자기 고용을 철회하는 바람에 횟수 제한에 걸려 어쩔 수 없이 출국하게 된 사례도 있다.

일을 그만둔 후에는 3개월 동안만 구직 활동을 할 수 있다. 기한을 넘기면 체류 자격이 취소된다. 하지만 3개월 동안 새로운 일자리를 구하기란 결코 쉽지 않다. 선택의 자유마저 없다. 이주노동자는 고용센터에서 지정해 준 곳에서만 일할 수 있다. 그나마 2012년 7월까지는 이주노동자가 고용센터로부터 구인 중인 사업장 명단을 받아 전화도 해 보고 직접 가 보기도 하면서 구직 활동을 했다. 그런데 8월부터 갑자기 명단 제공을 중단했다. 바뀐 지침 때문에 이주노동자들은 오매불망 사업주의 전화만 기다리는 처지가 되었다. 이것저것 비교해 보거나 거절하는 일은 더 어려워졌다. 언제 또 전화가 올지 알 수 없으니 말이다.

이주노동자 B는 사업장 변경 신청을 하고 하루 종일 전화만 기다렸지만, 소개 문자는 자주 오지 않았고 그나마 찾아가도 이미 사람을 구했다고 하기 일쑤였다. 3개월은 금방 지나갔다. 결국 변경 기간이 끝나기 일주일 전 일단 취직해야겠다는 생각에 열악해 보이는 작업 환경에도 불구하고 근로계약을 맺었다. 일은 생각했던 것보다 힘들고 위험했다. 화학약품 냄새도 너무 심해 견디기 어려웠다. 하지만 피가 말랐던 3개월을 떠올리면 도저히 그 과정을 다시 겪을 엄두가 나지 않는다.

이렇듯 사업장의 변경도, 새로운 일터를 구하기도 어렵다 보니 이주노동자들은 그만두고 싶어도 현재 사업장에서 참고 일하는 쪽을 택하고 만다. 게다가 이주노동자는 아파도, 하기 싫어도 일할 수밖에 없다. 이주노동자가 무단이탈시 사업주는 출입국관리사무소에 이를 신고해야 하는데, 일을 하지 않고 기숙사에 있어도 무단이탈로 간주되기 때문이다. 이를 악용하는 고용주도 많다.

이주노동자운동후원회의 정영섭 사무국장은 고용허가제의 실상을 이렇게 꼬집고 있다.

고용허가제는 '단기 순환' '정주 방지' '내국 인력 보완'의 원칙을 가지고 있다고 한다. 즉, 노동 능력이 가장 왕성한 20~39세의 노동자들을 불러와서 단기간에 최대한 부려먹고 내보낸 뒤 다시 새로운 노동자들을 쓰는 시스템이다. 오죽했으면 앰네스티에서 발간한 한국 내 이주노동자에 대한 보고서의 제목이 '일회용 노동자'였겠는가.

## 헌법소송에서 겪은 두 번의 참패

2007년 9월, 공감은 민변과 함께 '이주노동자의 사업장 변경 횟수 제한'에 반대하는 헌법소원을 진행했다. 이 법률이 헌법이 보장하는 (이주노동자의) 노동권, 직업 선택의 자유, 행복추구권 등을 침해한다는 결정을 이끌기 위해서였다. 헌법재판소도 이 사건을 중요하다고 판단해 공개변론을 열었다. 우리는 전문가를 섭외하고 외국의 법령을 조사해서 무려 50쪽이 넘는 변론요지서를 헌법재판소에 제출했고, 공개변론이 끝난 후에도 의견서를 제출했다. 외국의 입법례나 국내 이주노동자가 처한 현실을 고려한다면 충분히 이길 승산이 있다고 보았다.

예측은 여지없이 깨졌다. 헌법재판소는 우리의 청구를 받아들이지 않았다. "이주노동자와 대한민국 사람은 동일한 지위에 있지 않고 이주노동자에 대한 정책은 국가의 이익과도 관련이 있기 때문에 그 과정에서 이주노동자의 인권이 제한된다고 하더라도 어쩔 수 없다"는 판단이었다. 헌법재판관 중 한 명은 심지어 "헌법에서 정하는 기본권은 국민의 권리이기 때문에 이주노동자에게는 기본권이 없다"는 의견을 냈다.

이주노동자도 사람이다. 열악한 환경에서 일하기 싫은 건 인간이라면 누구나 느끼는 감정인데 국민과 국민이 아닌 자로 나눠서 달리 대우하는 헌법재판소의 결정은 납득하기 어려웠다.

정부 역시 '국민 아닌 자'의 기본권에 열린 자세를 보이지 않는다. 우리나라 출입국관리법은 외국인의 정치적 활동을 금하고 있다. 외국인이 국내의 경제 또는 사회 질서를 해치거나 선량한 풍속을 해치는 행동을 할 염려가 있다고 인정되면 강제로 추방할 수 있도록 정했다. 대한민국의 이익이나 공공의 안정을 해칠 염려가 있다고 인정되는 외국인도 강제추방을 당한다. 하지만 '정치적 활동' '경제 질서 또는 사회 질서를 해치는 행위' '선량한 풍속을 해치는 행동' '대한민국의 이익이나 공공의 안정'과 같은 표현은 너무 모호하다. 개념이 모호하다 보니 법을 집행하는 정부는 이주노동자가 마음에 안 드는 행동을 하면 이러한 요건에 해당된다고 자의적으로 판단한 후 강제로 추방해 버린다. 예를 들어, 이주노동자가 자

위/ 고용허가제가 규정한 '사업장 변경 3회 제한'에 반대하는 헌
법소원 공개변론에 앞서 기자회견 중인 황필규 변호사.
아래/ '이주노조 전 지도부 표적 단속 및 강제 추방'에 대한 헌법
소원 공개변론에 앞서 기자회견 중인 황필규 변호사와 윤지영 변
호사(왼쪽에서부터 차례로).

                    우리는 희망을 변론한다

신들의 노동권 보장을 요구하는 집회에 참석했다고 하자. 그러면 법무부는 정치적 활동을 했다는 이유로 그 이주노동자를 외국인보호소에 구금시키고 강제추방할 수 있다. 상황이 이렇다 보니 이주노동자들은 자신들의 억울함을 호소하거나 나쁜 제도를 바꾸라고 요구하기가 쉽지 않다.

2008년 '서울경기인천 이주노동자노동조합(이주노조)' 위원장인 네팔 출신의 림부 토르너가 출입국관리사무소의 단속에 걸려 이틀 만에 강제출국당했다. 집 앞에서 10여 명의 법무부 직원들이 숨어서 대기하고 있다가 귀가하는 그를 강제로 연행했다. 강제퇴거 명령에 대한 취소소송이 진행 중이었고, 국가인권위원회가 시행 유예를 권고하며 긴급구제조치 결정을 내렸지만, 법무부는 이를 무시하고 곧바로 추방 조치를 취했다. 명백한 표적 수사였다. 실제로 이제껏 이주노조 위원장은 모두 강제추방을 당했다. 형식적으로는 '미등록 체류자'라는 이유를 댔지만 사실은 이주노조 활동을 이유로 쫓아낸 것이다.

이번에도 공감은 민변과 주축이 되어 헌법소원에 나섰다. 이주노동자의 신체의 자유와 노동3권, 재판청구권 등을 침해한 법무부의 긴급보호 및 강제퇴거 집행 행위가 헌법적으로 정당한 것인지 따져 묻기 위해서였다.

2011년에야 공개변론이 열렸다. 헌법소원을 제기한 지 3년 만이다. 열심히 준비했지만, 결과는 이번에도 참패였다. "강제퇴거 대상이고 도주 등 긴급한 사유가 있다면 출입국관리 공무원의 긴급 보고서만으로도 강제출국시킬 수 있다"는 결정이 나왔다. 아울러 헌법재판소는 "외국인 노조 간부이기는 하지만 이들을 차별해서 취급했다고 볼 여지도 없다"고 판단했다.

연이은 두 번의 패소에 좌절한 나머지 더 이상 헌법재판소에 이주민에 관한 헌법소원은 하지 말아야겠다는 생각이 들 정도였다. 법을 만드는 입법부, 법을 해석하는 사법부, 법을 집행하는 행정부 모두 이주노동자를 일하는 기계 또는 값싼 수단으로만 여기는 게 아닐까 의심도 들었다.

물론 좌절은 잠시, 공감은 이주노동자 단체와 연계한 법률 지원 활동을 꾸준히 이어가고 있다. 우리 사회에서 함께 일하고 살아가는 이상 그들도 우리 사회의 구성원으로서 마땅한 대우를 받아야 한다. 이주노동자와 더불어 살기 위한 노력은 계속되어야 한다.

## "이주노동자도 기본적 권리가 인정된다"

2011년 9월 14일 밤에는 제대로 잠을 이루지 못했다. 다음날 출근을 준비하는 동안에도 가슴이 두근거렸다. 회사에 도착하고도 심장은 방망이질을 계속했다. 드디어 전화벨이 울렸다.

"이겼어요! 전부 승소했어요!"

소송을 대리하는 입장에서는 당연히 선고 결과에 촉각을 곤두세울 수밖에 없지만, 이번에는 더 많이 신경 쓰였다. 조금 과장해서 이야기하면, 이 소송에 이주노조의 운명이, 더 나아가 이주노동자의 미래가 달려 있었다.

2011년 2월 서울출입국관리사무소는 이주노조 위원장 미셸 카투이라의 체류 자격을 취소하고 출국 명령을 내렸다. 미셸이 부정한 방법으로 사업장을 변경했다는 것. 하지만 역대 이주노조 위원장들이 모두 강제로 출국당했다는 점을 고려하면 출입국관리소가 이주노조 활동을 탄압하기

 우리는 희망을 변론한다

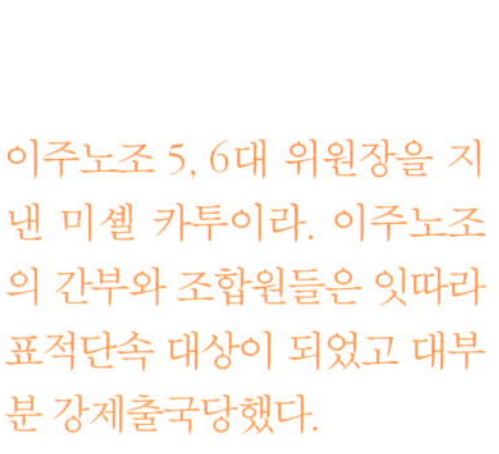
이주노조 5, 6대 위원장을 지낸 미셸 카투이라. 이주노조의 간부와 조합원들은 잇따라 표적단속 대상이 되었고 대부분 강제출국당했다.

위해서 이런다는 것을 능히 짐작할 수 있었다. 게다가 역대 위원장들이 소위 '미등록' 신분이었던 데 비해 미셸은 비전문취업(E-9) 비자를 받아 합법적으로 체류하고 있었다.

2011년 9월, 서울행정법원은 미셸의 손을 들어 주었다. 그의 사업장 변경에 부정한 방법이 없었다고 판결했다. 또한 외국인의 지위를 보장한 우리 헌법 제6조, 「세계인권선언」 및 여러 국제 규약 등에 비추어 "단결권, 단체행동권 등 근로자로서의 기본적 권리가 우리 사회에 편입된 외국인 근로자에게도 인정된다"고 밝혔다. 나아가 서울출입국관리사무소의 처분이 "그 표면상의 이유와 달리 실제로는 원고의 이주노조 조합장으로서의 활동을 이유로 한 것이 아닌가 하는 의심이 든다"는 의견을 덧붙이며, 직권으로 출입국관리소가 한 일련의 처분들을 판결이 확정될 때까지 집행 정지시키는 결정까지 내렸다.

이 승소는 무척 뜻 깊었다. 출입국관리소의 횡포와 권력 남용에 제동을 걸고, 이주노동자들의 권리를 확인해 주었기 때문이다. 미셸은 G-1[*] 비자를 발급받았다.

# 이주노동조합
# 인정 않는 정부

아직 해피엔딩은 아니다. 출입국관리소는 곧바로 항소에 들어갔고, 미셸은 할머니의 병환으로 자진 출국했다가 '입국규제자'라는 이유로 입국을 거부당해 재판에도 참석하지 못했다. 2012년 고등법원은 원심을 뒤집고, 미셸에게 패소 판결을 내렸다. 그가 이주노조 활동을 이어가기 위해 허위로 사업장을 변경했다는 기소 내용을 인정한 것이다.

출입국관리소가 1심에서부터 주장한 바는 이렇다.

'고용허가제법의 취지는 중소기업에 인력을 원활하게 공급함으로써 중소기업의 이익을 도모하는 것이므로, 이주노동자는 노조 활동을 해서는 안 되고 일만 열심히 해야 하며 폐업 등의 이유로 일할 수 없을 때에는 본국으로 돌아가야 한다.'

이런 방침이 쉽사리 바뀌지는 않을 것이다. 정부는 여전히 이주노조를 인정하지 않고 있다. 국제노동기구가 '이주노조를 인정하라'고 여러 차례 권고했으나 한국 정부는 요지부동이다. 서울, 경기, 인천 지역에서 일하는 이주노동자들이 결성한 이주노조 설립 신고를 서울지방고용노동청은 받아들이지 않았다. 이에 대해 이주노조는 소송을 제기했고, 서울고등법원은 이주노조의 손을 들어 주었다. 서울지방고용노동청의 상고로 사건은 대법원에 올라갔다. 하지만 6년이 지난 지금까지도 대법원은 판결을 내리지 않고 있다.

★ '인도적 사유에 의한 체류비자(G-1)'는 치료를 받거나 소송이 진행 중인 이들에게 발급된다.



우리는 희망을 변론한다

대법원의 판단이 늦어지는 것은 법리적 논쟁 때문이 아니라 이주노조의 출범을 꺼리는 정치적 판단에 의한 것일 가능성이 높다. 외국 판례나 학술 연구를 봐도 이주노동자의 단결권 등 기본적 노동권을 인정하는 것은 지극히 당연한 국제적 기준이기 때문이다.

아직 갈 길이 멀다. 신발 끈을 다시 한 번 굳게 묶는다.

호모포비아에 맞서 성소수자 인권을 외치다

장서연 변호사

## 성소수자 친구를
## 사귈 생각이 있나요?

2012년 서울시가 어린이와 청소년 2,163명에게 물었다. "성(性)소수자를 친구로 사귈 생각이 있습니까?" 응답자 10명 중 2명만이 그렇다고 대답했다. 부모들에게도 물었다. 10명 중 1명만이 자녀가 성소수자와 친구가 되어도 괜찮다고 답했다. 국제결혼 가정의 다문화 아동에 대해서는 10명 중 7명이, 장애 아동에 대해서는 10명 중 6명이 긍정적으로 답한 것에 비하여 현저히 낮은 수치다.

사람들은 소수자 집단 중에서도 유독 성소수자 집단에 더 배타적이다. 공감에서 성소수자 인권 관련 활동을 한다고 하면, 공감에서 '그런 일'도 하냐고 묻는다. 성소수자라고 하면 보통 동성애자, 양성애자, 트랜스젠더를 일컫는데, 이들을 위한 일이 '공익'을 위한 거냐는 반문이다. 대체적으

 우리는 희망을 변론한다

로 여성이나 장애인, 이주노동자, 난민 등은 사회적 약자라는 이미지로 받아들이는 반면, 성소수자에 대해서는 정서적으로 거부감을 보이거나 중요한 인권 문제가 아니라고 치부하는 분위기다.

공감 뉴스레터에 실린 트랜스젠더 인권에 관한 칼럼을 읽은 한 기부회원은 "공감에서 트랜스젠더와 같은 성소수자를 위한 논설을 한다는 것에 대해 상당한 충격을 받았다"며, "그들을 일반적인 소수자의 범주에 포함시키고 싶지 않고, 자신의 기부금이 성소수자의 인권 보호를 위해 쓰이기도 원하지 않는다"는 의견을 피력하기도 했다.

과연 보호받을 만한 가치가 있는 인권과 그렇지 않은 인권을 구분할 수 있을까? 그 결정의 주체는 누구인가? 공감이 생각하는 인권에는 '자격'이 없다. 누구든 고통받고 있다면 단 한 사람의 권리도 소중히 여기고 그의 고통에 귀 기울여야 한다고 생각한다. 그동안 한국 사회에서 숨죽이고 살아야 했던 성소수자도 제도적으로 개선되어야 할 인권 영역 안에 있다.

## 보이지 않는다고 존재하지 않는 건 아니다

우리는 어디에나 있습니다. We are everywhere.

성소수자 인권운동의 고전적인 슬로건이다. 한국에서 성소수자들은 오랫동안 투명인간 취급을 당했다. 분명 존재하지만 보이지 않는 사람이어야 했다. 모든 사람이 '당연히' 이성애자라고 전제하는 사회에서 자신을 드러낼 수 없었기 때문이다. 그러다 1990년대부터 인터넷 공간에서 성소수자 커뮤니티가 형성되기 시작했고, 대학을 중심으로 성소수자 인권단체가 하나 둘 생겨났다. 이때부터 시작된 성소수자 인권운동이 거의 20여 년 동안 이어져 왔다. 하지만 성소수자에 대한 사회적 인식이나 이해는 여전히 척박한 수준이고, 그들에 대한 차별과 폭력 또한 공공연하다.

2007년에는 가장 기본적인 평등 원칙을 담고 있는 '차별금지법'조차 극심한 반대에 부딪혀서 제정이 무산되었다. '차별 없는 세상'을 만들겠다던 참여정부의 공약이 있었던 바, 국가인권위원회가 차별금지법 권고안을 만들어 정부에 제시했다. "모든 국민은 법 앞에 평등하다"는 대한민국 헌법의 평등권 조항을 구체화한 차별금지법은 학교나 일터, 그 밖의 사회 모든 영역에서 성별, 장애, 나이, 출신 지역, 인종, 학력, 성적 지향 등을 이유로 한 차별을 금지하고, 차별 피해자는 인권위에 진정이나 법원의 소송을 통해 구제받을 수 있도록 한 내용을 담았다.

이에 보수적인 기독교단체들이 노골적인 호모포비아[*]를 표출하며 반대하고 나섰다. "동성애를 합법화하는 이 법안은 하나님의 천지창조 질서에 대한 심대한 도전이며, 사회질서 유지에 심각한 타격이 될 것"이라며 조직적으로 법무부를 압박하기 시작했다. 법무부는 결국 '성적 지향'을 비롯한 7개 조항을 차별금지 사유에서 삭제한 뒤 국회에 상정했다.[**]

차별금지법을 기대하고 있던 수많은 시민사회단체는 정부의 수정안에

---

[*] homophobia. 동성애 혹은 동성애자에 대한 무조건적인 혐오와 그로 인한 차별을 일컫는다.
[**] 법무부가 성적 지향, 학력, 병력, 출신 국가, 언어, 범죄 전력, 가족 형태 및 가족 상황 등 7개 항목을 삭제하고, 차별 시정 제도도 대폭 잘라낸 뒤 발의한 수정안은 '차별조장법'이라는 비판을 받았다.

강하게 반발했다. 차별금지법이 오히려 차별을 조장할 우려가 크다고 보았다. 성소수자들도 긴급히 '성소수자차별저지긴급행동'을 결성해 적극적으로 대응했다. 결국 수정안은 국회를 통과하지 못했다. 하지만 이후 여러 차례 차별금지법이 의원입법으로 발의될 때마다 성적 지향 조항이 여전히 '뜨거운 감자'로 논란이 되고 있는 실정이다.

## 벼랑에 몰린 청소년 성소수자

대한민국이 비준한 거의 모든 국제 규약과 협약은 '성적 지향'을 이유로 한 차별을 금지하고, 성소수자의 인권을 보장하고 있다. 사람은 누구나 스스로를 이성애자, 동성애자, 또는 양성애자로 규정해 나가며 그에 대한 자의식을 갖춰 간다. 성적 지향은 곧 인간 정체성의 한 부분이다. 사람의 정체성에 '표준'이란 있을 수 없으므로, 차이를 빌미삼은 차별 또한 있어서는 안 된다.

반기문 유엔 사무총장은 성소수자 인권을 지지한다고 공식적으로 선언했다. 「세계인권선언」 채택을 기념하는 세계 인권의 날을 맞아 유엔에서 마련한 행사 자리에서였다.

"양심을 가진 인간으로서 우리는 일반적으로 차별을, 특별히 성적 지향과 성별 정체성을 이유로 한 차별을 거부합니다. 누군가 성적 지향을 이유로 공격을 받고, 괴롭힘을 당하고, 감옥에 갇힐 때, 우리는 반드시 이에 맞서 목소리를 내야 합니다."[*]

그는 특히 청소년을 걱정했다. 동성애 혐오로 인한 집단 괴롭힘과 폭력, 차별이 전 세계에서 일어나고 있으며, 그로 인해 극심한 고통을 겪는 청소년들은 자살에 이르기도 한다. 이러한 폭력과 차별은 학교 현장의 문제만이 아니라, 사회 전반에 만연한 차별적인 법과 관행 탓이기도 하다. 그는 "이런 문제에 맞서는 일은 부모로서, 가족으로서, 교사로서, 이웃으로서, 사회지도자로서, 언론인으로서, 종교인으로서, 공무원으로서, 우리 모두가 공유하는 과제"임을 역설했다.

## 호모포비아가 더 위험하다

청소년 중에도 많은 성소수자가 있다. 그들은 특히 학교에서 또래 학생들의 집단 괴롭힘으로 심각한 고통을 받고 있다. 한국청소년개발원에서 2006년 실시한 조사에 의하면, 청소년 성소수자의 절반 이상(51.5퍼센트)이 욕설 등 언어폭력을 당한 적이 있고, 22.3퍼센트는 신체적인 폭력의 위협을 당한 경험이 있었다. '아우팅'** 을 당한 경우도 30.4퍼센트를 차지했다. 무엇보다 충격적인 것은 자살에 대한 항목이다. 77.4퍼센트가 자살에 대해 생각해 본 적이 있으며, 이들 가운데 거의 절반에 이르는 47.4퍼센트가 실제 자살을 시도해 보았다고 답했다.

---

★ 2010년 세계 인권의 날(12월 10일) 뉴욕에서 열린 '성적 지향, 성별 정체성을 이유로 한 폭력 및 제재 철폐' 행사에서 반기문 유엔 사무총장이 연설한 내용의 일부이다. "편견에 맞서십시오, 폭력에 대항하여 목소리를 내십시오"라는 제목의 이 연설문은 기념비적이라는 평가를 받고 있다. '국제인권소식 통'(www.tongcenter.org)에서 전문을 볼 수 있다.

★★ 자신의 의지와 무관하게 성 정체성이 타인에 의해 폭로되는 일.

　　　　　　　　　　　우리는 희망을 변론한다

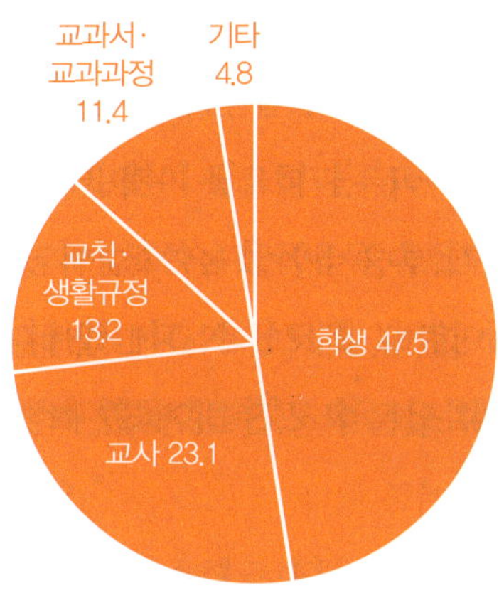



2년 전 같은 반 학생들에게 아우팅당한 적이 있다. 나는 끝까지 인정하지 않았지만 내가 여성스럽다는 이유로 '게이' 또는 '게이 새끼'로 불렸다. 그로 인해 따돌림과 언어폭력을 1년 내내 받았다. 이에 대처하지 않고 그저 참았다.

1학년 때 저희 반 학생에 의해서 게이라는 소문이 전교에 퍼졌습니다. 그래서 많은 폭력과 언어적 따돌림을 당했고, 제 성적 성향을 비밀로 지켜 주신다던 선생님도 절 성적으로 놀려 학생들에게 더 크게 따돌림을 당하게 했습니다만… 혼자 마음속에 담아 두고 있습니다.[*]

★ '성소수자차별반대 무지개행동 이반스쿨'에서 2012년 서울시 성소수자 청소년 255명을 대상으로 실시한 설문조사 결과 보고서에 담긴 실제 사례이다.

몇 년 전 한 남자 고등학생이 스스로 목숨을 끊은 사건이 있었다. 목소리가 가늘고 행동이 여성스럽다는 이유로 같은 반 학생들로부터 '걸레년' '뚱녀'라는 욕설을 들었고, 몸이 조금만 스쳐도 '더듬더라'는 소문이 났고, 어깨가 부딪혔다는 이유로 얼굴을 가격당하는 등 오랫동안 집단 괴롭힘을 당했다. 1심에서 부산지방법원은 학교의 관리 책임 소홀을 인정해 손해배상 판결을 내렸다. 하지만 최근에 대법원은 원심을 파기하며 "사회 통념상 허용될 수 없는 악질, 중대한 집단 괴롭힘에 이를 정도라고는 보기 어렵다"는 이야기를 했다.

대법원은 학교 폭력에 처해진 성소수자 학생이 얼마나 취약한 상황에 있는지, 집단 따돌림의 방식인 심리적 공격이 얼마나 심각한 문제인지 전혀 이해하지 못한 채 판결을 내렸다. 집단에 의해 수개월 또는 수년에 걸쳐 지속적으로 신체적·심리적 공격을 당하는 일은 심각한 정신적 손상을 가져온다. 우발적 폭행을 당하는 것과 질적으로 다른 피해를 낳는다.

호모포비아와 집단 따돌림은 이제 막 정체성을 찾아가는 시기인 청소년기에 혼자 감당하기 너무 벅찬 현실이다. 차마 누구에게도 말하지 못하고 깊은 절망과 고립감에 괴로워하다 극단적 선택을 하기도 한다. 컬럼비아 대학 연구팀의 조사 결과, 미국 10대 성소수자 청소년 자살 시도 비율은 이성애자보다 5배나 높았다.


## 열아홉 청년 육우당, 그의 죽음이 던지는 메시지

청소년 성소수자들에게는 정확한 정보에 접근하고, 자신을 지지해 주는

　　　　　　　　　우리는 희망을 변론한다

공간과 커뮤니티를 만날 수 있는 기회를 제공하는 것이 매우 중요하다. 그러나 우리나라는 청소년을 보호한다는 명목 아래, 동성애에 관한 내용을 ‘청소년 유해 매체물’로 규정해 터무니없이 제한해 왔다. 1990년대 후반 온라인상에 성소수자 커뮤니티가 속속 생겨났지만, 청소년은 접속이 차단되거나 가입할 수 없었다. 이에 성소수자 인권단체들은 인권위에 진정서를 제출했고, 2003년 다음과 같은 결정을 이끌어 냈다.

> 동성애를 표현한 매체물에 청소년들의 접근을 막는 것은 동성애자의 성적 자기결정권, 곧 행복추구권을 침해하고, 합리적인 이유 없이 성적 지향을 이유로 동성애자를 배제, 구별하거나 불리하게 대우하여 헌법 제11조에서 보장된 평등권을 침해하고, 헌법 제21조 제1항의 표현의 자유를 침해한다.

인권위의 권고를 받아들여 청소년보호위원회는 청소년유해매체물 심의기준에서 동성애 부분을 삭제하기에 이른다. 그러자 『조선일보』를 비롯한 보수 언론이 반대 입장의 보도를 쏟아냈다. “청소년은 유행처럼 동성애를 받아들인다” “청소년들의 그릇된 호기심을 자극, 동성애를 쉽게 접해도 좋은 것으로 이해하는 결과를 불러올까 봐 걱정이 앞선다”며 인권위의 결정을 비판했다.

기독교단체도 들고일어났다. “동성애는 죄.” “유황불의 심판을 받을 것.” 온갖 악담이 언론을 통해 여과 없이 쏟아졌다. 한국기독교총연합회는 “동성애는 인간 사회질서를 파괴하는 행위로 기독교 윤리 도덕에 명백히 위반되는 일”이며, “국가인권위원회가 소수의 행복 추구를 위해 다수의 질서를 파괴"한다는 내용의 성명을 발표하기도 했다.

"동성애로 성문화가 타락했던 소돔과 고모라가 하나님의 진노로 유황불
심판으로 망했다. 성경은 동성애를 엄격하게 금하고 있다. 인권위는 결정
을 철회해야 한다."

이러한 사회 분위기에 속에서, 2003년 4월 열아홉 살 청년이 목숨을 끊
었다. 동성애자인권연대에서 활동하던 '육우당'은 단체 사무실에서 유서
를 남긴 채 스스로 목을 맸다. 독실한 천주교 신자였던 그는 유서에 "수많
은 성적 소수자들을 낭떠러지로 내모는 것이 얼마나 잔인하고 반성경적
이고 반인륜적인지 (…) 내 한 목숨 죽어서 동성애 사이트가 유해 매체에
서 삭제되고, 소돔과 고모라 운운하는 가식적인 기독교인들에게 깨달음
을 준다면, 나 죽은 게 아깝지 않아요"라고 적었다.

끝내 자신이 이해받지 못할 것이라는 깊은 절망감도 담겨 있었다. "죽
은 뒤엔 당당하게 말할 수 있겠죠. 'ㅇㅇㅇ는 동성애자다'라구요." 그는
학교에서 커밍아웃* 했다가 따돌림을 당한 뒤 자퇴했다. 아버지의 손에
이끌려 병원에도 갔었다.

담당 선생님이 아버지에게 "이곳에서 치료를 받는다고 해서 이성애자가
되지는 못할 것 같습니다. 혹시 그런 기대를 하고 오신 건가요?"라고 했
다. 의사 말이 맞다. 난 이성애자가 될 수 없을뿐더러 되고 싶지도 않다.

---

★ 자신이 성소수자임을 다른 사람이나 사회에 밝히는 일.

        우리는 희망을 변론한다

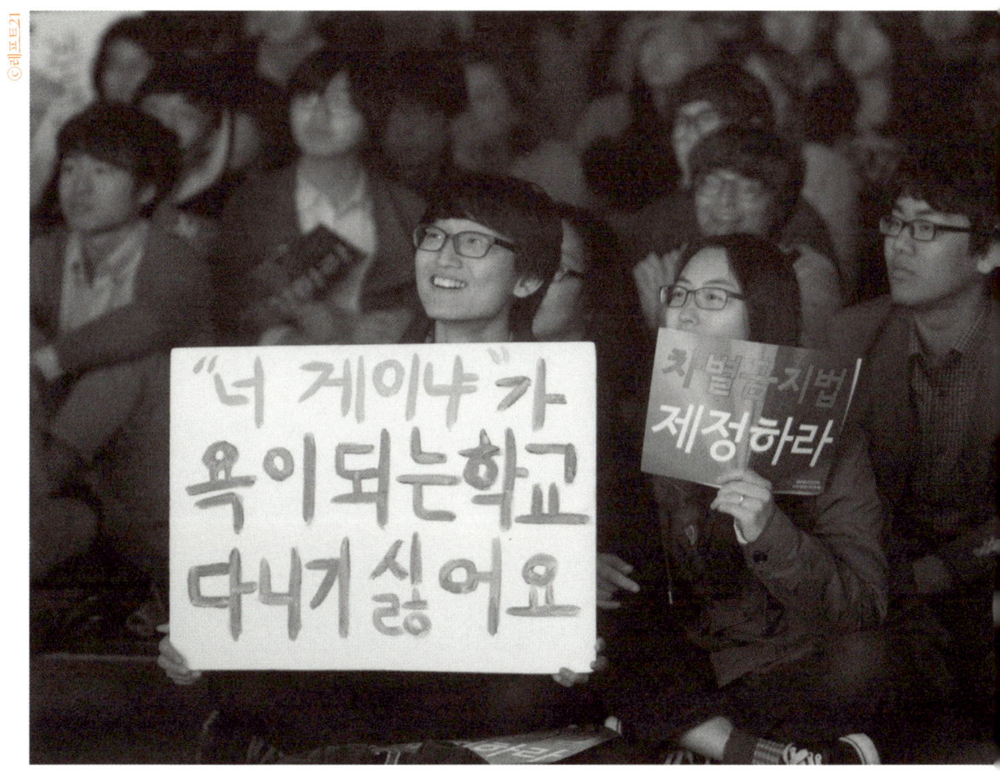



청소년 성소수자는 특히 학교에서 또래 학생들의 집단 괴롭힘으로 심각한 고통을 받고 있다. 이제 막 정체성을 찾아가는 시기인 청소년기에 혼자 감당하기 너무 벅찬 현실이다.

(…) 난 내가 비정상이라고 생각하지 않는다. 오른손잡이가 있으면 왼손잡이가 있는 것이고 이런 길이 있으면 저런 길도 있는 것이다. 보통 사람들은 '가장 많이 다니는 길'을 걷는다면 난 단지 '인적이 드문 길'을 걷고 있는 것뿐이다.

(육우당의 일기 중에서)

나는 육우당을 직접 만난 적이 없지만, 청소년 성소수자 인권을 위해 싸울 때마다 그를 떠올린다. 청소년 성소수자들이 얼마나 절박한 심정으로 벼랑에 내몰려 있는지 느낄 수 있기 때문이다.

## 동성애 다룬 영화는 청소년관람불가?

그로부터 7년이 지난 2010년, 〈친구사이?〉라는 영화가 동성애를 다뤘다는 이유만으로 청소년관람불가 등급을 받았다. 〈친구사이?〉는 공개적으

---

**왼손잡이가 비정상이 아니듯** 서울연구원이 '서울시 5개년 인권정책 기본계획수립'을 위해 서울시민을 대상으로 의식조사를 실시했다. 결과는 조금 충격적이다. '성소수자는 비정상'이라고 생각한다는 응답이 60퍼센트를 차지한 것.
동성애가 정신질환으로 여겨지던 때가 있었다. 동성애를 치유해야 할 질병으로 규정하고 동성애자를 이성애자로 개조시키자는 운동도 있었다. 하지만 1970년대 미국 정신의학회와 심리학회는 동성애 조항을 정신질환의 목록에서 삭제했고, 현재 세계보건기구(WHO)도 동성애를 이성애와 마찬가지로 동등한 입장에서 가치중립적인 성격으로 진단, 분류하고 있다. 쉽게 이야기하면, 동성애자와 이성애자의 차이는 왼손잡이와 오른손잡이의 차이라고 생각하면 된다. 정상/비정상의 문제가 아니라, 그저 서로 다를 뿐이다.



우리는 희망을 변론한다

로 커밍아웃한 김조광수 감독이 한국게이인권운동단체 '친구사이'와 함께 제작한 영화로, 동성애자인 석이가 군 복무 중인 애인 민수를 면회 가면서 벌어지는 에피소드를 다루고 있다.

김조광수 감독은 이 영화에서 20대 초반 게이들이 현실에서 부딪히는 고민들, 예를 들어 군 복무나 부모에게 커밍아웃하는 문제들을 유쾌하게 그리고 싶었다고 한다. 영화는 많은 관심과 호평을 받았고, 2009년 부산국제영화제와 서울독립영화제에 초청되어 청소년관람가 등급으로 상영되기도 했다.

그런데 극장 개봉을 앞두고 영상물등급위원회(영등위)가 난데없이 청소년관람불가 등급을 매긴 것이다. "선정성이 높고 청소년의 모방 위험이 높기 때문에, 청소년이 관람하지 못하도록 각별한 주의가 필요한 영화"라는 이유였다.

얼마나 선정적이기에? 확인해 보니, 키스신 정도가 전부. 폭력적인 장면도 없다. 보통 영화였다면 청소년관람불가 등급을 받을 이유가 없었다. 단지 동성애를 다뤘다는 이유만으로 이 같은 등급이 매겨진 것이다. 김조광수 감독과 친구사이는 영등위의 결정이 동성애를 차별하는 것이기 때문에 법적으로 싸우고 싶다는 뜻을 밝혀 왔고, 나 역시 해볼 만한 소송이라고 생각했다. 공감이 대리인으로 나서 청소년관람불가 등급 결정을 취소해 달라는 행정소송[*]을 제기했다.

영등위는 동성애를 다룬 영화가 "청소년에게 성적 상상이나 호기심을

---

불필요하게 부추기거나 조장하는 부작용을 야기한다"고 주장했다. 동성애를 다룬 영화라고 해서 그 자체로 청소년에게 유해한 것은 아니다. 영등위의 결정이야말로 청소년에게 '동성애는 나쁘고 비정상'이라는 잘못된 편견을 심어 주는 부작용을 야기한다. 청소년 중에도 분명 성소수자가 있는데, 그들이 정확한 정보에 접근할 기회를 차단하고 헌법이 보장하는 알 권리를 침해하는 것이기도 하다.

2010년 9월 서울행정법원은 〈친구사이?〉의 청소년관람불가 등급 결정을 취소하라고 판결했다.

동성애를 내용으로 한 영화라는 이유만으로 청소년의 일반적인 지식과 경험으로는 이를 수용하기 어렵다고 단정할 수 없다. 동성애를 유해한 것으로 취급하여 그에 관한 정보의 생산과 유포를 규제하는 경우, 성적 소수자인 동성애자들의 인격권, 행복추구권에 속하는 자기결정권 및 알 권리, 표현의 자유, 평등권 및 헌법상 기본권을 지나치게 제한할 우려가 있다.

영등위가 항소했지만, 서울고등법원도 항소를 기각하고 원고 승소 판결을 했다. 영등위는 이번에도 승복하지 않고 대법원에 상고했으나, 2013년 11월 14일 대법원은 사회의 일반적인 통념에 따라 평가하더라도 이 영화가 선정성에 관한 청소년관람불가 기준에 해당하지 않는다고 판단해 최종적으로 우리 손을 들어 주었다.

　　　　　　　　　　　　　　　　우리는 희망을 변론한다

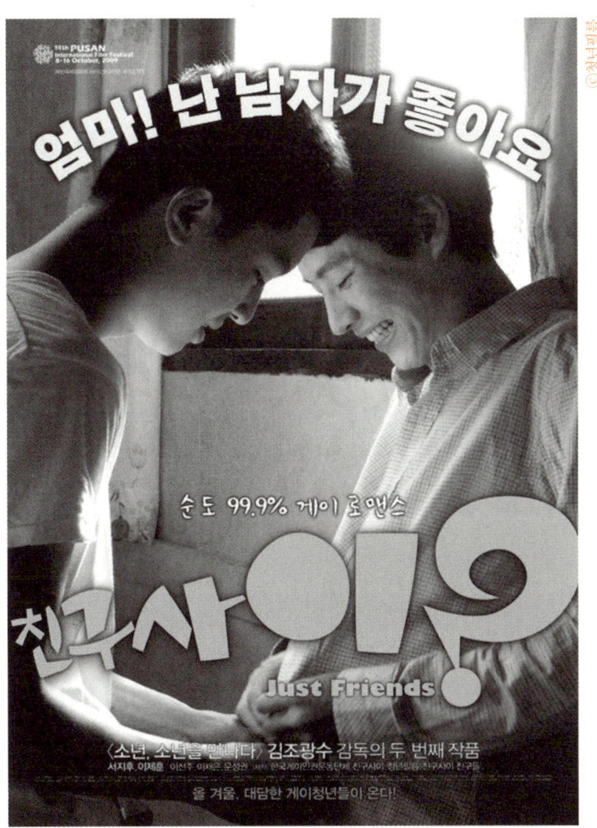


공개적으로 커밍아웃한 김조광수 감독의 영화 〈친구사이?〉. 애인 사이
인 민수와 석이는 둘의 관계를 묻는 엄마에게 '친구 사이'라고 말할 수
밖에 없다.

# 학생인권조례가
# '패륜의 극치'라니?

공감은 2011년 서울시 학생인권조례 제정에 참여했다. 학교 안에서 학생들의 인권을 보장하고 부당한 차별을 없애자는 취지였다. 9만7,000명의 서울시민이 주민발의에 참여해서 만든 조례안으로, 그동안 학교 현장에서 행해지던 체벌, 두발과 복장 규제, 집단 괴롭힘, 차별 행위를 금지하고 있다. 청소년 인권활동가들은 이 조례를 만들기 위해 더운 여름과 추운 겨울에도 길거리에서 시민들의 서명을 받기 위해 뛰어다녔다.

그렇게 만들어진 서울학생인권조례안은 가장 기본적인 평등의 원칙을 확인하고 있다.

학생은 성별, 종교, 나이, 사회적 신분, 출신 지역, 출신 국가, 출신 민족, 언어, 장애, 용모 등 신체 조건, 임신 또는 출산, 가족 형태 또는 가족 상황, 인종, 경제적 지위, 피부색, 사상 또는 정치적 의견, 성적 지향, 성별 정체성, 병력, 징계, 성적 등을 이유로 차별받지 않을 권리를 가진다.

유엔 아동권리위원회는 지난 2011년 대한민국 정부에 "소수자로서의 취약한 상황에 처한 아동에 대한 차별적 태도를 근절하고 예방하기 위해 인식 개선과 모든 필요한 조치를 취할 것"을 촉구한 바 있다. 더불어 '성적 지향'을 이유로 한 차별의 금지를 명시적으로 포함할 것을 권고했다.

그럼에도 불구하고 이번에도 일부 언론에서 성적 지향 문제를 걸고 나섰다. 사설을 통해 "학생 인권이라는 허울로 대한민국 교육을 역주행시키려는 좌파의 시도가 급기야 학생들의 동성애를 옹호하는 수준에까지 이르렀다" "성인 사회에서도 금기시되어 온 동성애 문제를 초중고 학생들을 상대로 한 학생인권조례에 포함시킨다는 건 패륜의 극치"라며 학생인권조례를 공격했다. 보수단체들도 "초등학생 동성애자를 만드는 학생인권조례안 반대한다" "어린 학생들에게 동성애와 정치 활동을 조장하여 학교와 나라를 더럽히는 학생인권조례안, 나쁜 인권 반대한다"라고 황당한 주장을 했다.

## 무지개 깃발, 서울시의회를 뒤덮다

정치적 부담을 느낀 서울시의원들이 청소년 성소수자와 관련한 내용을 삭제한 수정안을 통과시키려 한다는 소식이 들려왔다. 당시 서울시 교육위원들은 동성애 혐오 문자와 협박 전화를 하루에도 400~500통씩 받으며 시달리고 있었다.

"학생인권조례안 찬성하면 의원님 자손은 끝납니다. 남자 며느리 보게 될걸요."

한국 사회에서 가장 차별받는 소수자 집단인 청소년 성소수자를 배제하는 정치적 결정이 과연 학생인권조례의 취지에 부합하는 것일까? 동성애 혐오에 침묵하고 넘어가는 태도는 그들의 주장을 묵인하고 사실상 동조하는 것이다. 이런 황당하고 폭력적인 행태에 굴복할 수 없었다.

성소수자와 그들의 권리를 지지하는 이들이 모여 2011년 12월 14일 서울시의회 별관을 점거하고 시위에 돌입했다. 나는 나대로 서울시의원

들을 만나 진심을 다해 설득했다. 처음에는 부정적이었던 의원들도 하나
둘씩 우리의 목소리에 귀 기울이기 시작했다.

12월 19일, 성소수자 관련 조항을 그대로 남겨 둔 학생인권조례안이
서울시 본회의를 통과했다. 그날 김형태 서울시의회 교육위원이 본회의
장에서 한 발언은 토론을 지켜보던 많은 사람의 마음을 두드렸다.

"기독교인의 한 사람으로서 저는 묻고 싶습니다. 예수님이 정말 이 땅에
지금 살아 계시다면 과연 그분이 성소수자들을 차별하라고 하실까? 그들
을 향해서 돌을 던지라고 하실까? 적어도 제가 믿고 제가 아는 예수님은
분명히 그들까지도 존중하고 배려할 것으로 믿습니다."

한국 역사상 입법기관에서 성소수자 청소년의 인권을 쟁점으로 삼고
공식적인 논의를 한 일 자체가 처음이었고, 입법자가 성소수자 인권을 적
극적으로 옹호하는 의견을 피력한 전례도 없었다. 학생인권조례안은 재
석 86명 중 찬성 54명, 반대 28명, 기권 4명으로 서울시의회에서 가결되
었다. 그 순간 농성장에 있던 성소수자들과 그 지지자들은 환호를 지르며
서로 얼싸안고 뜨거운 눈물을 흘렸다. 악의적인 혐오에 맞서 이긴 성소수
자들의 자긍심이 서울시의회를 뒤덮는 순간이었다.

## 호모포비아 사회에 맞서
## 인권을 외치다

공감에서 일하면서 성소수자 관련 문제가 터질 때마다 관련 단체들과 함

   우리는 희망을 변론한다

위/ 성소수자들과 지지자들은 서울학생인권조례안 원안 통과를 요구하며 2011년 12월 14일 서울시의회 별관을 점거하고 농성에 들어갔다.

아래/ 본회의 통과를 앞둔 19일, 서울시의회 본관 앞에는 학생인권조례 제정을 촉구하는 시위대가 무지개걸개를 들고 운집했다.

께 고민하고 연구하고, 기획 소송을 하기도 하고, 인권위에 진정을 하기도 했다. 할 일이 참 많았다. 하지만 그동안 성소수자 인권에 관심이 있는 변호사가 거의 없었다. 성소수자 관련 법과 정책을 더 전문적으로 연구해야겠다는 생각에 이 문제에 관심 있는 법률가, 연구자, 활동가를 중심으로 연구 모임(성적지향 성별정체성 법정책연구회)도 만들었다.

대한민국 헌법 제10조는 "모든 국민은 인간으로서의 존엄과 가치를 가지며, 행복을 추구할 권리를 가진다. 국가는 개인이 가지는 불가침의 기본적 인권을 확인하고 이를 보장할 의무를 진다"라고 명시한다. 성소수자 역시 기본적으로 누려야 할 인간으로서의 존엄과 행복추구권이 있다. 국제적으로도 그들의 인권 보장에 대해서는 이미 확고한 규범이 자리 잡아 가고 있다. 하지만 한국 사회 속에서 살고 있는 성소수자 개개인이 직접 피부로 느낄 정도로 차별 없는 사회가 되려면 아직 갈 길이 멀다. 한 걸음 한 걸음 내딛다 보면 결국에는 차별 없는 세상이 오리라는 믿음을 갖고, 호모포비아 사회에 맞서 언제나 인권의 편에 서서 일하는 변호사가 되고 싶다.



우리는 희망을 변론한다

# 성소수자가 첫 희생양, 다음 차례는…

2013년 6월 주한 러시아 대사관 앞, 한국의 성소수자 인권활동가들이 모여 러시아 정부를 비판하는 기자회견을 가졌다. 러시아에서 동성애에 대한 일체의 홍보와 교육을 금지하는 법안이 통과된 데 항의하기 위해서였다. 이 법에 의하면, 동성애를 다루는 영화나 책, 교육, 소셜미디어, 집회는 물론 공공장소에서 동성애자의 애정표현까지 모두 검열과 처벌의 대상이 될 수 있다.

러시아에서 성소수자 인권활동가들이 이 법에 항의하며 시위하자 극우 집단이 몰려와 폭력을 휘둘렀는데, 러시아 경찰은 활동가들만 연행했다. 국가가 폭력을 용인한 셈이다. 국내외에서 푸틴 정부가 국민을 억압하는 정책을 펴기 위해 성소수자를 가장 먼저 희생양으로 삼고 있다는 비판이 거세다. (러시아 정교회와 유착한 푸틴 정부는 이 법과 함께 교회 비난 행위에 대한 처벌을 강화하는 내용의 신성모독법 개정안도 통과시켰다.)

이런 일은 역사 속에서 여러 차례 반복되어 왔다. 1920년대 볼셰비키 혁명 당시 동성애에 관한 형사처벌 규정이 삭제되자 소련은 많은 동성애자 작가들에게 희망의 땅으로 떠올랐다. 그러나 스탈린이 집권하며 동성애 행위는 다시 불법이 되었고 최고 5년형의 처벌 대상이 되었다. 이에 따라 동성애자들의 대량 구속사태가 벌어졌는가 하면, 1930년대 중반과 후반 사이 모스크바의 동성애자 약 3,000명이 노동수용소에 수감되기도 했다.

'핑크 트라이앵글'을 달고
수용된 동성애자들. 이 표시
는 1970년대부터 동성애자
인권운동의 중요한 상징물
로 사용되기 시작했다.

20세기 초 독일에서는 나치즘의 등장과 함께 동성애가 지배 민족의 활력을 좀먹는 '사회악'이자 '질병'으로 간주되어 불법으로 규정되었다. 제2차 세계대전 동안 동성애자들은 눈에 잘 띄는 분홍색 역삼각형 표시를 강제로 착용해야 했고, 강제수용소로 끌려가 유대인과 함께 처형되기도 했다.

미국에서는 1940년대 말 매카시즘이 휘몰아치며 소위 정치적·사회적 '일탈자'들을 체제 전복을 기도하는 존재로 간주해 탄압했다. 여기에는 공산주의자로 의심되는 사람뿐 아니라 동성애자도 포함되었다.

지금 러시아는 성소수자에 대한 관용도가 역사상 최저 수준으로 떨어졌다. 이처럼 국가기관이 나서서 호모포비아를 부추기는 사회에서는 성소수자에 대한 폭력이 쉽게 일어난다. 2013년 5월에는 급기야 23세 청년이 동성애자라는 이유로 동료들에게 잔인하게 살해당하는 일이 벌어졌다.

근거 없는 차별과 폭력을 용인하는 사회적 분위기가 고조될수록 이익을 보는 세력은 따로 있다. 피해를 보는 것은 성소수자만이 아니다. 역사에서 지배세력이 국민을 억압하려 할 때 가장 먼저, 손쉽게 희생양으로 삼아 온 이들이 동성애자였음을 기억하자.

   우리는 희망을 변론한다

*우리의*
*엄마들에게*
*밥과 장미를*★

몸도 마음도 '골병' 드는 중고령 여성노동자

윤지영 변호사

## 물 잠긴 지하실에서 목숨 잃은
## 청소 아주머니

2011년 10월, 한 통의 전화가 걸려 왔다. 강남 대치동에 있는 은마아파트에서 청소 일을 하던 아주머니의 사망과 관련해 유가족 상담을 부탁하는 내용이었다. 며칠 후 고인의 딸이 관련 서류를 챙겨서 사무실에 찾아왔다. 그녀는 조심스럽게 이야기를 꺼냈다.

"지난여름, 비가 많이 왔잖아요. 엄마는 그때 일을 하러 물에 잠긴 지하실에 내려갔다가 감전을 당했어요. 그리고 그 자리에서 돌아가셨어요."

그녀의 어머니는 식도암으로 투병하는 남편의 병원비와 생활비를 벌

---

★ 세계적으로 '빵과 장미'는 인간의 생존과 존엄을 상징하는 표현으로 자주 쓰인다. '밥과 장미'는 여기서 착안한 표현으로, 중고령 여성노동자에게는 생계를 위한 권리인 '밥'과 인간으로 존중받을 권리인 '장미' 모두 절실하다.

기 위해 그해 5월부터 아파트 청소원으로 일했다. 예순이 넘은 나이에 청소 외에는 마땅히 할 일이 없었다. 어머니는 아침 7시에 출근해서 4시에 퇴근했다. 비가 억수같이 내리던 그날도 시간에 맞춰 일찍 출근했고, 일을 시작하기 전에 청소원 휴게 공간이 마련되어 있는 지하실로 향했다. 지하실은 비가 많이 오면 늘 물에 잠기곤 해서 그럴 때마다 수시로 물을 퍼내야 했다. 그날 그녀의 어머니는 지하 계단의 낡은 스위치를 올리고 들어간 뒤 3분도 되지 않아 감전사했다.

울음을 삼키며 겨우 어머니의 이야기를 마친 딸은 직접 찍은 사진을 보여 주었다. 물에 잠긴 지하실 광경이었다. 둥둥 떠다니는 빗자루, 끊어져 있는 전선, "알림—지하실에 수시로 물을 퍼내 주세요"라고 적힌 벽보…. 사진만으로도 그곳 상황을 짐작하고 남았다. 그녀는 어머니의 근로계약서, 근태 현황표, 통장 사본도 꺼내 보여 주었다. 어머니는 매일 실제 근무시간에서 두 시간 깎인 임금을 받고 있었다. 월급 806,630원. 생계를 유지하기에는 턱없이 부족한 돈이었다. 하지만 이 정도가 나이 많은 대한민국 아주머니가 벌어들이는 표준 임금이다.

쓸쓸한 현실 앞에서 울화가 났다. 하지만 여기까지는 약과였다. 이어서 그녀가 보여 준 '촉탁근무각서' 내용은 어이가 없었다. 각서에는 "근무 중 불의의 사고 및 본인의 지병으로 인하여 사망하게 되어도 법률적으로 이의를 제기하지 않고 본인의 귀책사유를 불문, 어떠한 불이익 처분도 감수하겠으며…"라고 쓰여 있었다. 청소원으로 일하기 위해서는 이 각서에 사인을 해야 했다. 산업재해보상보험법에 따르면 근무를 하다가 불의의 사고를 당한 경우에는 산재보험급여를 받을 수 있는데도 불구하고 회사는 책임을 회피하기 위해 이런 각서를 받고 있었다. 딸이 책임을 묻자 회사는 각서를 내보이며 자기들에게는 책임이 없다고 대답했다.

그녀는 회사 대표, 관리사무소장, 전기계장을 고소했지만 수사는 뜻대로 진행되지 않았다. 공감은 이들 책임자에게 산업안전보건법 위반의 죄가 성립한다는 취지로 검찰에 의견서를 제출했다. 하지만 결국 아파트 전기계장만 처벌받는 것으로 사건은 마무리되었다.

## 에이즈 병동 청소하다<br>주삿바늘에 찔려도…

서울대학교병원 에이즈 병동에서 청소 일을 하던 쉰다섯 살 아주머니가 주삿바늘에 찔리는 사고를 당했다. 일단 찔린 손가락을 눌러 피를 짜내고 바로 수간호사에게 달려가 응급치료를 받았다. 하지만 사고 당일 오후에도 계속 일해야 했다. 에이즈 예방약을 받았지만 부작용인지 속이 메스껍고 어지러웠다. 불안감도 가시지 않았다. 다른 부서로 옮겨 달라고 하자 그녀를 고용한 용역업체 측은 오히려 해고 운운하며 들은 체도 하지 않았다. 병원 측에 쉬고 싶다고 요청하자 '용역업체에 말하라'는 답변만 돌아왔다. 의사에게 진단서를 받고 나서야 병가를 얻을 수 있었다.

이 소식이 알려지자 노동조합과 시민단체가 공동대책위원회를 꾸렸다. 공감도 같이 뛰어들어 대책을 논의했다. 공동대책위원회는 피해자를 대신해서 고용자인 용역업체에 산업재해 처리를 요구했다. 그러자 용역업체는 오히려 그녀를 해고하겠다고 위협했다. 실질적 사용자인 서울대학교병원 역시 나 몰라라 했다. 자기가 고용한 직원이 아니기 때문에 병원에는 책임이 없다는 것. 우리는 기자회견도 열고 국가인권위원회에 진 정도 했다. 결국 사고를 당한 청소노동자는 근로복지공단으로부터 요양 승인을 받았지만, 아직까지도 '에이즈 노출에 대한 불안과 우울로 인한 적응장애'로 정신과 치료를 받고 있다.

병원에서 일하는 청소노동자와 간병인들은 주삿바늘에 찔리는 일이 많다. 전국민주노동조합총연맹에서 2010년 실시한 설문조사 결과, 서울대학교병원 청소노동자의 30퍼센트 가량이 일하다가 주삿바늘에 찔린 적이 있었다. 업무 중에 다친 경험이 있다는 답변이 54퍼센트에 달했는데 그중 치료비를 용역업체가 부담한 경우는 25퍼센트에도 못 미쳤다. 서울대학교병원이 치료비를 부담한 사례는 단 한 건도 없었다. 결국 대부분 청소노동자 본인 부담으로 치료했다는 이야기다. 이는 비단 서울대학교병원에서 근무하는 청소노동자에게만 해당되는 이야기는 아니다. 청소노동자의 노동으로 용역업체는 돈을 벌고 병원은 시설을 깨끗하게 유지하는데 정작 양쪽 모두 아무런 책임을 지지 않으려 한다.

## 고용한 사람은 있어도 책임지는 사람은 없다

왜 이런 일이 벌어지고 있나? 청소노동자를 고용하는 업체와 사용하는 업체를 달리하는 구조가 가장 큰 문제다. 청소노동자를 사용하는 업체, 즉 청소노동자로부터 노동력을 제공 받는 업체는 자신들이 청소노동자를 고용하지 않았기 때문에 책임이 없다고 주장한다. 서울대학교병원처럼 말이다. 원래 노동자를 사용한 자가 책임도 져야 한다는 원칙은 노동

     

관계의 가장 기본적인 원칙이다. 그런데 언젠가부터 사용자는 노동자보다 우월한 지위에 있다는 점을 악용해 사용만 하고 책임은 지지 않는 인사기법을 도입했다. 이를 허용하는 법률이 1990년대 말에 제정되었다. 이제는 대부분의 청소노동자가 자기를 고용한 업체와 다른 곳에 가서 일을 하고 있다. 이 때문에 다쳐도 책임지는 이가 없고, 노동조합도 쉽게 만들지 못한다.

2010년 12월에 홍익대 청소노동자들이 노동조합을 결성하자 홍익대는 바로 다음날 청소용역위탁계약을 해지했다. 청소노동자들은 졸지에 일터를 잃었다. 홍익대가 청소노동자들을 직접 고용해 일을 시키고 있었다면 섣불리 이런 태도를 취하지는 못했을 것이다. 홍익대 청소노동자들은 학교 본관 로비를 점거하고 농성에 들어갔다.

2011년 1월, 농성을 하는 홍익대 청소노동자들을 응원하기 위해 현장을 찾았다. 추운 겨울 날씨에도 로비에 모인 아주머니들의 표정은 밝았다. 그들은 제 손으로 권리를 찾기 위해 일어섰다는 사실만으로도 감격스럽다고 했다. 한 아주머니에게 여기에서 몇 년 일하셨냐고 묻자 "8년 일했지"라면서 "예전에는 홍익대학교가 사장이었어" 하고 덧붙였다.

홍익대 청소노동자 상당수가 10년 전에는 대학과 직접 근로계약을 체결해서 일했다. 그러다 홍익대가 청소 업무를 외주 용역업체에 위탁하는 바람에 졸지에 용역업체 직원이 되었다. 같은 장소에서 같은 일을 하는데 법적 사용자는 달라진 것이다. 홍익대는 자신이 사용자가 아니라고 하면서도 청소노동자의 근무시간, 해야 할 일, 청소 공간, 청소 상태를 일일이 지시하고 감독했다. 시킬 건 다 시키면서 책임은 지지 않겠다니, 이런 꼼수가 어디 있는가.

물론 청소노동자를 고용한 용역업체가 책임지면 되는 것 아니냐고 물을 수 있다. 홍익대가 청소용역위탁계약을 해지했다고 하더라도 용역업체는 사용자로서 청소노동자들이 다른 곳에서 일할 수 있도록 조치를 취해야 마땅하지 않겠냐고 말이다. 그러나 청소노동자를 고용하는 용역업체 대부분은 규모가 작고 영세하기 때문에 문제가 발생해도 해결할 능력이 없다. 게다가 이 경우에는 청소노동자들이 홍익대에서 일하는 것을 전제로 근로계약이 체결된지라 위탁계약이 해지되면 근로계약도 끝나게 되어 있었다.

싸움은 오랫동안 이어졌다. 결국 홍익대는 청소노동자의 고용을 승계한 업체와 다시 위탁계약을 체결했다. 아주머니들은 다시 학교로 돌아가 일할 수 있게 되었다. 하지만 홍익대 측은 노동조합과 조합 간부를 상대로 소송을 제기했다. 점거 농성 때문에 학교에 손해가 발생했으니 배상하라고 나온 것이다. 다행히 1심과 항소심 모두 법원이 청소노동자들의 손을 들어 주며 사건은 일단락되었다.


# 저임금, 고된 노동보다
# 더 힘든 것

2011년 '따뜻한 밥 한 끼의 권리' 캠페인단은 대대적으로 청소노동자의 노동 실태를 조사했다. 공감의 자원활동가들도 조사원으로 참여해서 직접 청소노동자를 만났다. 조사 결과를 살펴 보자.

청소노동자의 대부분은 여성이었고 평균 연령은 58세였다. 매일 9시간가량 일하는데 임금은 100만 원에 미치지 못했다. 그런데 같은 청소 일

서울대학교병원 본관에서 한 청소노동자가
몸을 돌리기도 힘들게 좁은 물품보관실(창고)
에서 점심 도시락을 먹고 있다.

을 하더라도 남성이 여성보다 30만 원 이상 더 많은 월급을 받고 있었다.
따로 휴게실이 없어서 인적이 드문 계단에서 쉬는 경우가 많았고, 심지어
화장실에서 쉰다는 대답도 있었다. 휴게실이 있어도 대부분 지하에 있어
서 편안하게 휴식을 갖기란 거의 불가능했다. 가만히 생각해 보면 청소노
동자야말로 건물을 가장 많이 이용하고 오랫동안 상주하는데, 이들이 잠
시 지친 몸을 쉬게 할 공간은 한 뼘도 내주지 않는 것이다.

마음도 쉴 곳 없기는 마찬가지다. 청소노동자들은 폭언, 폭행, 성희롱,
멸시와 조롱 등의 부당한 대우가 더 견디기 힘들다고 말했다. 함부로 대
해도 되는 사람이라는 생각이 사회에 만연한 탓이다. 직접적인 행태는 주
로 관리자에 의해 일어나지만, 건물을 이용하는 사람들도 청소노동자를
존중하거나 배려하지 않는다. 있어도 없는 것과 같은 존재, 청소노동자는

그림자 또는 유령처럼 인식될 뿐이다.

이 실태조사 결과를 토대로 노동조합 활동가 및 관련 전문가와 함께 청소노동자의 노동권 개선을 위한 방안을 토의하고 국회에서 토론회도 개최했다. 정부가 나서서 이들의 노동조건을 개선해야 한다는 취지였다. 그로부터 2년 가까이 지난 지금까지도 정부는 아무런 대책을 내놓지 않았다.

# 고단한
# 돌봄노동자의 하루

중년 이상 나이의 평범한 여성들이 택할 수 있는 직업은 매우 한정되어 있다. 청소나 식당 일 등에 주로 문이 열려 있다. 직업에 귀천이 없다고 하지만 그런 일은 여전히 사회에서 천시와 냉대를 받고 있고, 아무리 열심히 일해도 저임금에 시달릴 수밖에 없다.

중고령 여성들이 많이 뛰어드는 직종인 돌봄노동 역시 이런 문제를 고스란히 안고 있다. 간병인, 가사도우미, 요양보호사, 육아도우미 등이 이에 속한다. 간병인은 아픈 사람을 돌보고, 요양보호사는 노인을 돌보며, (흔히 파출부로 불렸던) 가사도우미는 집안일을 돌본다. 전통적으로 가족의 영역이던 '돌봄'의 일을 한다는 뜻에서 '돌봄노동자'라고 부른다. 그들의 하루는 참 고단하다. 그 사정을 한번 들여다보자.

간병인은 보통 일요일 오후 2시부터 다음 주 토요일 오후 2시까지 6일 동안 하루 24시간, 연속해서 144시간을 근무한다. 아픈 사람에게는 언제 어떤 일이 일어날지 모르기 때문에 간병인은 밤낮으로 침대 곁에서 대기하면서 환자를 돌본다. 점심시간이 따로 없고 밥 먹을 장소도 마땅치 않

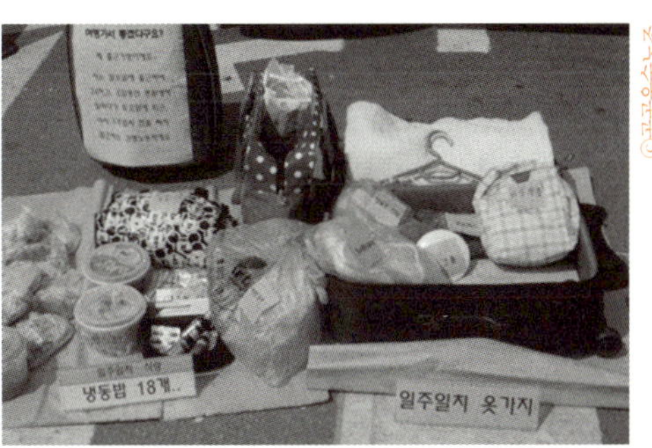


간병인들은 보통 일주일치 도시락을 싸 와서 냉동실에 얼려 두었다가 틈 날 때 구석진 곳에서 끼니를 때우곤 한다.

다. 대부분 일주일치 도시락을 싸 와서 냉동실에 얼려 두었다가 틈날 때 구석진 곳에서 끼니를 때우곤 한다. 몸이 불편한 환자를 돌보다 보니 환자의 몸을 들었다 났다 하는 일이 반복되어 허리, 어깨, 팔 등에 무리가 가기도 한다. 감염의 위험이 따르는 것은 물론이다. 이렇게 하루를 보내고 밤이 되면 침대 옆 보조침대에서 새우잠을 잔다. 이런 생활이 6일 동안 이어진 후에야 하루의 휴일을 맞는다.

이들에 대한 대우는 어떨까? 간병인이 받는 월급은 평균 100만 원 정도. 시간당 2,300원이 채 안 된다. 2013년 최저임금이 시간당 4,860원이니 최저임금에도 현저히 못 미치는 수준이다. 아파도 제대로 치료받기 어렵다. 원래 일하다가 다치거나 질병에 걸리면 법에 따라서 국가가 책임을 지고 치료비를 부담한다. 이른바 산재보험 처리가 된다. 하지만 간병인은 노동자로 인정받지 못하고 있기 때문에 법이 있어도 적용을 받지 못한다. 간병인의 80퍼센트 이상이 본인 부담으로 각자 알아서 통증이나 병을 치료하고 있다. 그러다 보니 경제적인 어려움 때문에 치료를 포기하는 경우가 속출한다. 간병인들 사이에서 흔히 하는 말마따나 "돈 벌려다가 오히려 골병 들어 치료비가 더 나간다." 씁쓸한 현실이다.

가사도우미의 수입은 간병인보다 적다. 한국고용정보원이 2009년에 발표한 자료에 따르면, 가사도우미의 한 달 평균 수입은 68만 원가량. 대한민국에 존재한다는 401개 직업 가운데 육아도우미에 이어 두 번째로 적은 수치다. 육아도우미 역시 중고령 여성노동자가 선택하는 주된 직업이라는 점을 고려한다면, 결국 가장 수입이 적은 직업 1, 2위가 모두 우리 어머니들 차지인 셈이다.

가사도우미가 겪는 어려움은 임금 외에도 다양한 요소가 있다. 한국여성정책연구원이 2008년에 발표한 실태조사에 따르면, 가사도우미의 90퍼센트 가량은 일이 힘들고 사회적 편견이 강해서 그만두고 싶지만 "내 나이에 할 수 있는 일이 없어서" 어쩔 수 없이 계속하고 있다고 했다. 세상 사람들은 여전히 가사도우미를 직업으로 인정하지 않고, '주인과 하인' 관계라는 인식도 뿌리 깊다. 그래서 함부로 대하고 아무 일이나 닥치는 대로 시키는 사용자가 많다. 같이 살면서 일하는 가사도우미의 경우에는 24시간 언제든지 부르면 달려가야 하는 상태에 놓여 있고, 사생활을 유지하기가 매우 어렵다. 심지어 폭언이나 폭행, 성희롱에 노출되기도 한다. 출퇴근하면서 일정 시간만 일하는 가사도우미의 상황도 어렵기는 마찬가지다. 사용자가 일감을 모아두었다가 가사도우미가 오면 처리하게 하기 때문에 쉬지 못하고 강도 높게 일해야 한다.


## 일을 하는데
## 왜 노동자가 아니란 말인가

제도적으로 가사도우미 역시 노동자로 인정받지 못하고 있다. 근로기준법은 명시적으로 가사도우미를 배제하고 있다. 최저임금법, 근로자퇴직급여보장법, 산업재해보상보험법, 고용보험법도 모두 마찬가지다. 그렇기 때문에 가사도우미는 최저임금보다 적은 월급을 받아도 참아야 한다. 당장 내일부터 나오지 말라는 이야기를 들어도 그에 따라야 한다. 일을 그만두었을 때 퇴직금도 받지 못한다. 다쳐도 산재보험 처리를 할 수 없다. 여덟 시간 넘게 일한다고 해서 초과근로수당이 생기는 것도 아니고, 밤에 일한다고 해서 야간근로수당이 생기는 것도 아니다. 휴일이나 휴가조차 보장받지 못한다. 1953년 근로기준법이 제정될 때부터 가사도우미는 노동자로 인정받지 못했다. 가사도우미뿐 아니라 간병인에 대해서도 정부는 노동자로 인정하지 않고 있다. 간병인과 가사도우미의 업무가 엄연히 다르고, 가사도우미는 가정이라는 울타리 안에서 일을 하고 간병인은 주로 병원에서 일을 하건만, 고용노동부는 간병인 역시 가사도우미에 해당된다고 해석함으로써 노동법의 적용을 막고 있다.

예전에는 다른 나라에서도 가사노동을 공식 노동으로 인정하지 않았고, 따라서 가사도우미들은 노동법의 보호를 받지 못했다. 그들이 일하는 공간은 공장이나 회사가 아니라 가정이고, 전통적으로 그 뿌리가 노예제도에 있기 때문이다.

그러나 현대 사회에서 가사도우미는 전 세계 여성들이 가장 많이 선택하는 직업이 되었다. 산업화가 가속화되고 여성의 사회 진출이 늘어난 데다 고령화가 진행되는 상황에서 가사도우미는 없어서는 안 될 전문적 직종이다. 그래서 지금은 많은 국가에서 가사도우미를 노동자로 인정하고 이들을 보호하는 일에 나서고 있다. 특히 우리가 선진국이라고 일컫는 나라들, 예컨대 프랑스나 벨기에, 네덜란드에서는 가사도우미를 보호하기 위한 특별법까지 두고 있다. 프랑스의 경우, 사용자는 가사도우미에게 양질의 숙박시설을 제공해야 한다. 여기서 '양질의 숙박시설'이란 반드시 창문과 적절한 조명과 알맞은 보온과 위생설비 또는 공용 위생설비에 대한 접근 가능성을 갖추고 있는 것을 말한다. 충분한 양과 영양을 갖춘 음식도 제공해야 한다. 미국 역시 가사도우미에게 일반 노동법령을 적용하고 있고, 뉴욕 등에서는 가사도우미를 보호하기 위한 주(州)특별법을 마련하기까지 했다. 상대적으로 여성 인권이 취약한 중동 국가들이 우리나라와 유사한 법 내용을 가사도우미에 적용하고 있다.

최근 들어 우리나라도 여성단체와 여성노동조합이 나서서 가사도우미를 노동자로 인정하라고 요구하는 운동을 추진하고 있다. 공감도 이 문제에 주목해 매달 정책 모임을 갖고 직접 법률안을 마련했다. 현재 국회의원을 통해 법안 발의를 한 상태이다. 법안이 통과되려면 아직 갈 길이 멀지만, 이렇게 조금씩 사람들의 관심이 늘어나면 언젠가 대한민국의 가사도우미도 당당히 노동자임을 주장하는 날이 올 것이다.

## 요양기관 경쟁에 치여 '국가공인 파출부' 된 요양보호사

요양보호사는 돌봄노동자 중에서 그나마 법에 의해 노동자로 인정받는 직종이다. 2008년에 노인장기요양보험법이 시행되면서 급속도로 그 수가 늘고 있다. 요양보호사 자격증을 딴 사람만 100만 명이 넘는다. 우리 어머니나 옆집 아주머니, 친족 가운데 한 명쯤은 자격증을 가지고 있다고 보면 된다. 요양보호사는 요양시설에서 일하거나 재가장기요양기관을 통해 가정에 파견을 나간다. 치매 등으로 거동이 불편한 노인을 씻기고 약을 챙겨 먹이고 노인을 위해 청소나 빨래를 하는 게 요양보호사의 업무다. 쉽게 이야기해서, 노인을 돌보는 일을 한다.

요양보호사도 처음에는 돌봄노동자라는 이유로 노동법의 적용을 받지 못했다. 2년 가까이 치열한 논쟁이 벌어졌다. 결국 요양보호사협회와 노동조합의 끈질긴 주장이 받아들여져, 노인장기요양보험법 시행규칙에 장기요양기관의 의무로 요양보호사의 고용이 명시되었다. 이로써 '요양보호사의 사용자는 요양보호사를 고용한 장기요양기관'임이 분명해졌고, 지금 요양보호사는 노동자로 인정받고 있다.

하지만 노동조건은 여전히 열악하다. 요양원과 같은 시설에서 일하는 요양보호사는 12시간 일하고 12시간 쉬거나, 아니면 24시간 일하고 24시간 쉬는 형태로 근무한다. 근로기준법에서 정한 하루 표준 노동시간이 8시간이니 이들은 매일 4시간씩 더 근무하는 셈이지만, 한 달 임금은 120만 원 수준이다. 매일 제대로 못 자고 장시간 일하면 건강도 상하기 마련이다. 노인을 씻기고 밥을 먹이는 등 하나하나 챙기는 것은 여간 힘든 일이 아니다. 그런데 이들이 혼자서 돌봐야 할 노인만 보통 6명, 많게는 12명이니 눈코 뜰 새 없이 바쁘다. 정신적 스트레스도 만만치 않다.

가정에 찾아가서 일하는 요양보호사도 어렵긴 매한가지다. 다른 점이 하나 있다면, 일하는 시간이 적은 대신 월급도 적다는 것. 평균 월급이 80만 원 정도다. 이마저도 안정적이지는 않다. 돌보던 노인이 요양보호사를 바꾼다든지 더 이상 요양보호를 받지 않게 되면 임금도 그만큼 줄어들고 경우에 따라서는 일자리가 없어진다. 일도 임금도 들쑥날쑥하다 보니 여간 불안한 게 아니다.

괴로운 문제가 또 있다. 원래 요양보호사는 돌봄을 필요로 하는 노인을 위해서 일하는 것인데, 실제로는 노인 가족의 뒤치다꺼리까지 하는 경우가 많다. 어느 순간 노인을 돌보기보다 집안일을 대신 해주는 게 주된 업무가 되어 버리기도 한다. 거절하면 가족이 요양보호사를 바꿔 버리기 때문에 울며 겨자 먹기로 요구하는 일을 다 해 주는 처지에 내몰리는 것이다.

요양보험제도는 국민이 내는 건강보험료와 국가에서 지급하는 보조금으로 유지된다. 정부는 요양보호사와 요양기관의 수를 엄청나게 늘려 놓았다. 노인장기요양보험제도가 처음 실시된 2008년에 재가장기요양기관의 수는 6,618개였는데 2009년 12월에는 1만9,074개로 3배 가까이 늘었다. 반면 요양보호를 받는 대상자는 많이 늘지 않았다. 치매에 걸리는 등 스스로 활동이 어려운 노인만이 심사를 통해 선별적으로 혜택을 받을 수 있는데, 국가로서는 부담해야 하는 비용의 증가를 피하기 위해 대상자 수를 쉽게 늘리지 않는다.

정부가 지원하는 대상자는 적은데 요양보호사와 요양기관은 넘쳐나니, 남는 것은 무한 경쟁이다. 요양기관끼리 경쟁을 벌이며 노인의 개인 부담 비용을 깎아 주거나 아예 받지 않았다. 또 노인뿐 아니라 가족의 집안일까지 대신 처리해 주겠다고 광고했다. 무리한 경쟁의 피해는 고스란히 요양보호사의 몫으로 돌아왔다. 결국 정부는 힘없는 요양보호사의 희생으로 노인을 돌보는 셈이다.

요양보호사의 노동권을 보장하기 위해 2011년 공동대책위원회가 꾸려졌고, 공감도 이에 합류해 국가의 책임을 강화하는 내용으로 노인장기요양보험법 전면 개정안을 마련했다. 오랫동안 공을 들여 2013년 여름

드디어 법안을 국회에 발의했다. 국가인권위원회에서도 이 문제에 관심을 가지고 '요양보호사 처우개선을 위한 정책 권고'를 내렸다.

가사도우미에 관한 법안처럼 이 법안 역시 언제 통과될지 알 수 없다. 법안이 발의되어서 통과되기까지는 보통 시간이 오래 걸리지만, 아예 안건으로 상정되지도 못한 채 회기 만료로 폐기되기도 한다. 특히 노동 관련 법안, 그중에서도 노동조합과 시민단체가 함께 만든 법안은 그런 경우를 더 많이 겪는다. 우리도 보통 사람인지라 열성을 쏟고도 성과가 나오지 않으면 맥이 풀리고 의욕도 꺾인다. 그래도 웃으며 버티는 건 이런 작업을 통해 사회적 이슈가 되는 과정도 무척 중요하기 때문이다. 덕분에 요양보호사들로 구성된 노동조합이 생겼고, 보건복지부를 상대로 꿋꿋하게 당신들의 목소리를 내기 시작했다.


## 적절한 보상과 마땅한 존중을 달라

노동권은 헌법상 권리다. 우리나라 헌법은 제 32조에서 다음과 같이 명시하고 있다.


모든 국민은 근로의 권리를 가진다. 국가는 사회적 경제적 방법으로 근로자의 고용의 증진과 적정임금의 보장에 노력하여야 하며, 법률이 정하는 바에 의하여 최저임금제를 시행하여야 한다. (제1항)


근로조건의 기준은 인간의 존엄성을 보장하도록 법률로 정한다. (제2항)

위/ 간병인, 요양보호사, 장애인활동보조인 등 전국 130만 돌봄
노동자를 가입 대상으로 한 공공운수노조 의료연대 돌봄지부가
2012년 10월 공식 출범했다. 서울 보신각 광장에서 열린 출범 행
사에 참석한 윤지영 변호사(왼쪽).
아래/ 돌봄지부 출범대회가 끝나고 3회를 맞은 '전국돌봄노동자
대회'가 열렸다. 돌봄노동자들이 공연을 펼치고 있다.



우리는 희망을 변론한다

헌법상 노동권은 일할 기회를 제공해 달라고 국가에 요구할 수 있는 권리다. 여기서의 '일'은 아무 일을 말하는 것이 아니다. 인간다운 환경에서 인간의 존엄성을 보장받으면서 하는 일을 의미한다. 다시 말해 국가는, 국민 모두가 안정적이고 인간다운 환경에서 일할 수 있도록 해야 할 의무를 갖는다.

그런데 지금 우리 정부는 일자리를 늘리는 데만 급급했지 정작 일자리의 질에 대해서는 신경 쓰지 않고 있다. 중고령 여성노동자의 현실이 어떤지 알면서도 개선할 의지를 보이기는커녕, 오히려 이들의 노동력을 착취하는 사회 구조를 만드는 일에 기여하고 있다. 그러면서 정부의 일자리 창출 정책이 효과를 발휘해 여성, 그중에서도 특히 중고령 여성의 고용률이 늘었다고 자랑하기에 여념이 없다.

일자리의 양이 아니라 '좋은 일자리' 창출이 중요하다. 중고령 여성노동자들이 고된 노동에 뛰어드는 이유는 사별이나 남편의 실업 등 대개 직접 일을 해서 생계를 유지해야 하는 상황에 놓였기 때문이다. 이대로라면 일을 해도 가난에서 벗어날 수 없는 노동빈곤층으로 살아가게 된다. 그녀들이 생계를 책임지고 있는 가정과 자녀들에도 빈곤이 대물림될 위험이 크다.

중고령 여성들이 노동 현장에서 겪는 문제는 결코 그들만의 문제가 아니다. 나이 들었을 때 우리 자신에게 닥칠 문제이기도 하고, 어쩌면 지금 당장 내 가족이 겪고 있는 문제일 수도 있다. 노동조합이라는 말조차 생소하고, 어떻게 세상에 자신의 목소리를 내야 하는지도 낯설기만 한 우리의 어머니들, 세상을 돌보고 있는 그녀들은 정작 누가 돌봐 줄 것인가?

# 우리 어머니들의 문제,
# 어쩌면 우리가 겪게 될 문제

오랫동안 노동운동에 천착해 온 하종강 교수가 대학에서 강의할 때 이런 일이 있었다. 노동자를 만나서 인터뷰하고 기록해서 제출하라는 과제를 내주자, 한 학생이 질문했다.

"교수님, 어디에 가면 노동자를 만날 수 있나요?"

그는 이렇게 대답했다.

"가장 가까운 곳을 둘러보세요."

질문했던 학생이 제출한 과제의 인터뷰 대상은 다름 아닌 자기 어머니였다. 인터뷰 전까지 학생의 어머니는 그동안 자신이 어떤 일을 하는지 가족에게 숨겼다고 한다. 청소 일에 대한 사람들의 시선도 좋지 않고, 또 당신이 겪는 어려움을 이야기하면 가족들이 힘들어할 것 같아서 그러셨단다. 인터뷰를 하고 나서 학생은 어머니에게 미안해 참 많이 울었다고 한다.

사실 내 어머니도 다른 사람의 집에서 가사도우미 일을 했다. 어깨를 제대로 들 수 없을 정도로 힘들었지만 생계 때문에 일을 그만둘 수 없었다. 나는 세상에서 나의 어머니를 제일 존경한다. 무슨 일을 하는지가 그 사람의 인격이나 됨됨이를 말해 주는 것은 아니다. 비록 사회적으로 천대받는 일을 했지만 여느 어머니들처럼 나의 어머니 역시 강하고 지혜롭고 인자한 분이다.

우리의 생각부터 바꿔 보자. 이 세상을 깨끗하게 만드는 일, 사람을 돌보는 일이 얼마나 소중하고 아름다운 일인지 느껴 보자. 사람들의 생각만



우리는 희망을 변론한다

바뀌어도 많은 것이 좋아질 것이다. 한 걸음 나아가, 우리의 어머니들을 홀대하고 착취하는 정부와 사용자, 그리고 이 사회를 날카로운 시선으로 바라보고 대신 목소리를 내 보자. 그녀들은 '밥과 장미'를 받을 자격이 충분하다고, 작지만 떳떳하게 이야기하자. 작은 목소리가 모이면 이 세상도 바뀔 수 있다.

# 체류는 합법, 그러나 추방은 불법

난민 신청자의 생존권 무시하는 제도를 뒤집다

박영아 변호사

## 난민을 '돌려보내지 않기로' 약속하다

표준국어대사전은 난민을 "전쟁이나 재난 따위를 당하여 곤경에 빠진 백성"이라고 풀이한다. 곤경에 빠진 백성을 구하는 일은 일반적으로 그 백성이 속한 나라의 몫이다. 그러나 자기 백성을 구할 능력이나 의사가 없는 나라도 있다. 심지어 백성을 못살게 굴어서 곤경에 빠뜨리는 나라도 있다. 그런 처지에 놓인 백성이 다른 나라에 가서 도와 달라고 외치면, 그 나라는 어떻게 해야 할까. "미안하지만 다른 데 가서 알아보세요"라고 할 수도 있고, "많이 힘들었겠군요. 우리 나라에서 함께 삽시다"라고 할 수도 있을 것이다. 20세기 중반까지만 해도 어느 쪽을 선택할 것인지는 각 나라에 맡겨진 선택이었다.

하지만 20세기 들어 양대 세계전쟁을 겪는 과정에서 인류는 일찍이 보지 못한 인권 유린을 경험했고, 이후 서방 국가를 중심으로 국경을 초월한 인권 보호의 필요성이 대두되었다. 그런 맥락에서 1951년 「난민의 지위에 대한 협약」(난민협약)이 탄생했다. 전쟁으로 인해 대거 생겨난 난민에 대한 인도적 차원의 보호 조치였다.

「난민협약」은 가입국에 "난민을 어떠한 방법으로도 인종, 종교, 국적, 특정 사회 집단의 구성원 신분 또는 정치적 의견을 이유로 그 생명 또는 자유가 위협받을 우려가 있는 영역의 국경으로 추방하거나 송환해서는 안 된다"는 의무를 부과하고 있다. 흔히 '송환금지(non-refoulement)'라 일컫는 약속이다. 그렇다면 본국으로 송환하지 않고, 안전한 제3국으로 보내는 것은 괜찮을까? 정말로 안전하다면 괜찮겠지만, 해당 정부에 그 난민을 보호할 의사가 있는 경우에만 가능한 일이다. 따라서 '송환금지'는 곧 '추방금지'로 귀결된다. 결국 「난민협약」에 가입한 나라는 그 나라를 찾아온 난민을 받아들일 것을 약속하는 것이다.

'곤경에 빠진 백성'이라면 누구나 「난민협약」 가입국에 도움을 요청할 수 있을까? 그렇지는 않다. 협약은 '난민'을 다음과 같이 정의하고 있다.

1951년 1월 1일 이전*에 발생한 사건의 결과로서, 또한 인종, 종교, 국적, 특정 사회 집단 구성원 신분 또는 정치적 의견을 이유로 박해를 받을 우려가 있다는 충분한 근거가 있는 공포로 인하여, 자신의 국적국 밖에 있는 자로서, 국적국의 보호를 받을 수 없거나, 또는 그러한 공포로 인하여

---

* 1951년 1월 1일이라는 시간적 제약은 당시 제2차 세계대전 전후의 사건들만 염두에 두고 있었음을 알려 준다. 이는 1967년 발효된 「난민의 지위에 관한 선택의정서」에 의해 폐기되었다. 극소수를 제외하고는 「난민협약」 가입국 대부분이 「선택의정서」에도 가입했다.

국적국의 보호를 받는 것을 원하지 아니하는 자. 또는 그러한 사건의 결과로 인하여 종전의 상주국 밖에 있는 무국적자로서, 상주국에 돌아갈 수 없거나, 또는 그러한 공포로 인하여 상주국으로 돌아가는 것을 원하지 아니하는 자.

누가 봐도 「난민협약」이 내리고 있는 '난민'의 정의는 무척 협소하고 복잡하다. 자국에서의 고초를 피하기 위해 타국으로 탈출했다 하더라도 이 정의에 포함된 요소 하나하나가 모두 충족되지 않으면 난민으로 인정받을 수 없다. 예를 들어, 자신의 '인종, 종교, 국적, 정치적 견해 또는 특정 사회 집단 신분'과 관련 없이 그냥 전쟁에 '휘말려서' 나라를 떠나게 된 사람은 「난민협약」의 보호를 받지 못한다. 난민의 정의 자체가 난민을 보호할 의무를 지닌 협약 가입국의 책임을 상당 부분 축소하고 있는 셈이다. 한마디로, 난민 지위를 얻기란 쉬운 일이 아니다.

## 난민 신청에서 인정까지, 산 너머 산

우리나라는 난민을 받아들이는 일에 다른 협약국보다 더 인색한 편이다. 한국 정부는 1992년 「난민협약」에 가입하고 1994년부터 난민 신청을 받기 시작했다. 하지만 한동안 명문상으로만 존재했을 뿐이다. 1994년 난민 신청자 수는 5명이었고, 이후 들쑥날쑥하긴 했지만 꾸준히 늘었다. 하지만 좀처럼 난민 인정이 이뤄지지 않았다.

2001년에야 드디어 우리나라에 첫 난민 인정자가 나왔다. 이로써 물

우리도 한때는 난민이었고, 난민의 가족이요 이웃이었다. 6. 25 전쟁의 포탄을 피하기 위해 많은 이들이 한반도에서 다른 나라로 삶의 터전을 버리고 피난길에 올랐다.

꼬가 트이리라 기대했으나, 그렇지는 않았다. 2002년에 1명, 2003년에 12명이 난민 인정을 받았다. 그리고 2012년까지 난민 인정을 받은 사람은 모두 310명에 불과하다. 우리나라와 경제 규모가 비슷한 다른 나라와 비교해 볼 때 매우 낮은 수준으로, 인구 대비 난민 인정자 비율은 34개 OECD 회원국 중 최하위권이다. 우리나라는 난민에 대한 사회적 인식은 물론 법과 제도도 모자란 구석이 많다. 어떤 문제가 있는지 찬찬히 짚어 보자.

「난민협약」 가입국 대부분은 난민 여부를 판정하는 전문적인 절차와 기구를 갖추고 있다. 우리나라는 그 일을 법무부에서 담당한다. 한국에 들어온 난민은 먼저 법무부에 난민 인정 신청을 해야 한다. 그러고 나면 출입국관리 공무원과의 면담이 있고, 이어서 사실조사 및 심사를 거쳐 결정이 내려진다. 난민 신청자가 난민 심사 담당 공무원 앞에서 한 진술이 난민 인정 여부를 결정하는 가장 중요한 자료가 된다. 난민심사 담당 공무원은 진술이 일관성을 갖는지, 각국 정부기관 또는 공신력 있는 NGO에서 수집된 '출신국 정보'[*]에 비추어 신빙성 있는지 여부를 판단한 후 진술에 나타난 사실들이 난민 요건에 해당하는지를 검토한다.

첫 시도에서 난민 인정을 받지 못하더라도 이의 신청을 통해 법무부에 재고를 요청할 수 있다. 그러나 이제껏 이의 신청 절차에서 난민 신청자에게 다시 진술할 기회가 주어진 사례를 한 번도 접한 적이 없다. 그동안

---

[*] Country of Origin Information(COI). 미국, 영국 등의 정부기관 웹사이트에서 해당 정부가 수집한 정보를 확인할 수 있다. 유엔난민기구도 각국 정부기관과 NGO에서 수집한 정보를 모아 놓은 웹사이트를 운영한다(www.refworld.org). 오스트리아 적십자 등 비정부기구에서 운영하는 웹사이트도 있다(www.ecoi.net).



우리는 희망을 변론한다

이의 신청 절차가 거의 형식적으로만 운영되고 있었다 해도 과언이 아니다.(난민법 시행으로 앞으로 변화가 있을 것이라 기대해 본다.) 이의 신청까지 거쳐서 법무부로부터 최종적으로 불인정 결정을 받을 경우, 행정소송을 통해 다시 한 번 난민 인정 여부를 타진할 수 있다.

이 과정을 끝까지 거쳐 내기란 결코 간단치 않다. 우선 심사 기간이 너무 길다. 결과가 나오기까지 최소 6개월에서 길게는 5~7년 이상 걸린다. 결정적인 원인은 신청자 대비 심사 담당 공무원의 수가 너무 적어서다. 한동안 서울출입국관리사무소에 난민을 면담하고 1차 심사를 담당하는 공무원이 3명에 불과했다. 지금은 이보다 늘었다고 하지만, 소송을 담당하는 인력까지 포함해도 한 자릿수에 머물고 있어 여전히 턱없이 부족하다. 난민 신청자는 천 명 넘게 대기하고 있는 상태다(2012년 기준).

## 우리의 절박함도 통역이 되나요?

앞에서 언급했듯이 난민 신청자 본인의 진술이 난민 심사에서 가장 중요한 근거 자료가 된다. 난민 신청자는 법무부의 난민 심사 담당 공무원, 판사, 변호사, 자원활동가 등 수많은 사람들에게 자신이 (어쩌면 수년 전, 그리고 여러 해에 걸쳐) 겪은 일들을 열심히 설명해야 한다. 난민 심사를 담당하는 공무원이나 난민 사건의 재판을 맡은 판사는 그 이야기가 신빙성이 있는지, 「난민협약」이 제시한 요건에 부합하는지를 판단해 난민 인정 여부를 결정한다. 인권활동가나 나 같은 변호사 역시 그들의 진술을 바탕으로 도움을 주고 소송을 진행한다.

그러나 난민 신청자가 애써 이야기한 내용과 의도한 뜻이 그대로 전해지기란 몹시 어렵다. 자신의 인생사를 짧은 시간 안에 정확하고 조리 있게 말할 수 있는 사람이 과연 몇이나 될까? 다시 떠올리기 싫을 정도로 고통스러운 기억인 경우도 많을 것이다. 그런데다 듣는 이들은 언어가 다르고, 문화도 다르고, 전혀 다른 일상을 살아가는 사람들이다. 전달 과정에서 많건 적건 생략과 누락, 왜곡과 오해가 일어날 수밖에 없다.

난민 신청자는 공무원과의 면담 시 통역인의 도움을 받을 수 있다. 하지만 난민 신청자에게 이를 고지하지 않는 경우도 있었고, 고지를 받아 통역을 요청해도 서비스의 질이 낮아서 제대로 자신의 상황을 설명하기 어려운 경우가 많다. 전문 통역자가 아니라 해당 국가에서 온 이주민이 통역을 맡곤 하는데, 이들 대부분은 자국어는 잘해도 한국말이 서툴다. 난민 신청자가 한참 이야기한 내용을 통역인이 두어 문장으로 요약해 전달할 때도 있지만, 듣는 사람은 어떤 내용이 생략되었는지 알 길이 없다. 이렇듯 미숙하거나 부정확한 통역은 난민 신청자에게 매우 치명적인 걸림돌로 작용할 수 있다.

의사소통의 문제는 내가 난민 신청자와 면담할 때 가장 크게 느낀 어려움이기도 했다. 그들은 절박하게 이야기하고 있지만 내 입장에서는 전혀 실감 나게 들리지가 않는 것이다. 우리나라 사람이 자기가 겪은 일을 말할 때는 자세히 설명하지 않아도 듣고서 어떤 상황인지 쉽게 짐작이 간다. 이 사건을 법적으로 재구성하는 데 어떤 정보가 필요한지 금방 감이 오고, 그에 맞게 질문을 던져 이야기를 더 끌어낼 수도 있다. 하지만 난민 신청자와의 대화는 다르다. 통역인이 영어나 한국어로 옮겨 수는 단어 하나하나가 맥락 없이 허공을 떠다니는 것처럼 느껴질 때가 적지 않다.

일차적으로는 통역을 거치면서 말하는 사람의 감정이 희석되고 내용도 상당 부분 축약되기 때문에 그럴 것이다. 또 한편으로는 서로가 전혀 다른 맥락 속에서 살아 왔기 때문이기도 하다. 이질적인 정서와 문화, 경험이 부딪혀 각자 머릿속에서 다른 그림을 보는 것이다.

『나는 빠리의 택시운전사』(1995, 창비)의 저자 홍세화는 군사독재에 반대하는 의견을 피력했다가 1979년 감옥에 갈 위기에 놓였고(남민전 사건), 마침 해외에 나와 있던 상황이어서 귀국하지 못하고 프랑스에 정착해 택시 운전 등을 하며 망명 생활을 했다. 그 역시 담당 공무원과 면담하면서 느꼈던 당시의 절박함과 답답함을 책에서 토로했다.

"그래서 당신은 그 조직 안에서 구체적으로 무슨 행동을 했습니까?" 그로서는 아주 당연한 질문이었다. 그런데 이 당연한, 그리고 아주 명료한 질문에 대하여 나는 대답이 궁한 자신을 발견해야 했다. 곰곰이 돌이켜보아도 크게 내세울 것이 없었던 것이다. 특히 망명을 신청한 자로서는 더욱 그러했다. 한국 내에 있었으면 실로 엄청난 일을 당했을 테고 또 실제 다른 동료들이 겪었고 또 겪고 있는데도 말이다. 몇 차례에 걸쳐 박정희 군사독재 정권을 무너뜨리자는 삐라를 뿌렸다는 정도가 내가 할 수 있는 말의 전부였는데, 그 정도의 행위는 프랑스에서는 경범죄에도 해당되지 않는 일이었다! 어처구니없지만 엄연한 사실이었다. 그 행위가 한국의 유신체제 하에서는 취조실에서 고문을 당해야 하며 적어도 수년간의 옥살이를 각오해야 하는 행위라고 설명하고 있는 나에게 허탈감이 스며들고 있었다.

(…) 우리의 아픔을 다른 그 누구에게도 전달할 수 없으며 또 그 누구도 알 수 없다는 것을 뼈저리게 느껴야 하는 순간이었다. 나는 한참 동안 입을 열지 않았다. 상대도 나를 물끄러미 쳐다볼 뿐 입을 열지 않았다. 무거운 침묵이 흘렀다. 그러나 나는 다시 입을 열어야 했다. 망명을 신청한 사람은 그가 아니라 나였으므로.

적어도 그는 상대방이 어떤 부분을 이해하지 못한지 파악하고 있었다. 하지만 실제 난민 신청자를 면담할 때 그런 부분이 있음을 서로 간과할 때가 많다. 그러다 논리적 또 감성적으로 이해가 가지 않는 부분이 속출하기 시작하면 진술의 신빙성에 의문을 품기 쉽다. 이런 함정에 빠지지 않기 위해서는, 상대방의 진술에 의심을 품기 전에 자신의 전제가 잘못되지 않았는지 먼저 의심하고 철저한 확인을 거쳐야 한다. 무엇보다 난민 신청자가 살았던 일상이 우리나라에서의 일상과 같을 것이라고 전제하지 말아야 한다.

## 난민 신청자를 불법 취업으로 내모는 정부

대부분의 「난민협약」 가입국에서 난민으로 인정받으면 영주권 등 그 나라에서 장기간 머물 수 있는 체류 자격을 받고, 자국민과 유사한 수준의 권리와 사회보장 서비스를 누릴 수 있다. 국가가 돌아갈 곳 없는 난민을 사회에 품어 안착할 수 있도록 배려하고, 정상적인 생활을 영위할 수 있는 조건을 마련해 주는 것은 어쩌면 당연한 처사라 할 수 있다. 「난민협약」의 규정 대다수도 난민의 사회 편입을 배려하는 처우를 다루고 있다.

우리나라에서 난민 인정을 받은 사람은 영주권은 아니지만 한국에서 3년 동안 거주할 수 있는 자격을 갖게 된다. 3년이 지난 후 갱신이 가능하다. 또한 합법적으로 취업해 돈을 벌 수 있고, 기초생활수급권을 보장받는다. 한국 사회에 적응하고 정착할 수 있도록 적극적으로 배려하지는 않더라도 적어도 합법적으로 '생존'할 수 있는 조건은 마련해 주는 셈이다.

그렇다면 난민 신청을 하고 아직 인정은 받지 못한 상태인 '난민 신청자'는 어떤 처지에 놓여 있을까? 송환금지 원칙에 따라 이들은 한국에 합법적으로 머물 수 있다. 하지만 취업은 허락되지 않았다. 2009년부터 비로소 방침이 바뀌어, 난민 신청 후 1년 넘도록 법무부의 결정이 내려지지 않은 경우에만 선별적으로 취업 허가를 받을 수 있게 되었다. 이 방침에 따르면, 대한민국에 입국해 난민 신청을 하고 1년 동안, 또 난민 불인정 결정을 받았을 때 이에 불복해 소송을 제기한 경우 소송이 진행되는 동안, 여전히 합법적으로 취업할 길은 없었다.

생계를 유지할 수 있는 다른 지원이 있는 것도 아니었다. 결국 난민 신청자들은 최종적으로 난민 인정 여부를 알기까지 살아남기 위해 불법으로 취업할 수밖에 없었다. 안 그러면 구걸하거나 굶어죽거나 해야 하는 상황이었다. 그런 와중에 난민 신청자가 불법 취업했다가 단속에 걸려 강제출국 명령을 받고 외국인보호소에 갇히는 일이 종종 발생했다.

'어쩌란 말이냐' 소리가 절로 나온다. 난민을 받아들인다는 것은 그들을 보호하겠다는 의지의 표명이다. 난민 신청자는 최종적으로 난민 불인정 결정이 확정되기 전까지는 강제출국 대상이 되어서는 안 된다. 그러나 우리나라는 협약에 따라 앞에서는 받아들이고 뒤로는 먹고살 방도를 차단해 이들을 불법으로 내몰고 있었다.

왜 이런 구조가 만들어졌을까? 답은 간단하다. 난민 신청자에게 혜택을 부여하면 이를 남용하는 입국자가 늘어날 것을 우려해서이다. 정부 정책이 출입국관리라는 일반적 과제에만 매몰된 채 난민의 생존권을 고려하지 않고 있었던 것이다. 남용을 막겠다고 오갈 데 없는 난민을 사지로 몰아넣는 일이 과연 정당화될 수 있을까? 공감이 난민지원단체를 비롯한 NGO들과 '난민정책개선모임'을 결성하고 난민법 제정을 추진하기로 의견을 모은 주된 이유는, 이러한 정부 정책을 그대로 반영하고 있는 법 제도를 바꾸기 위해서였다.

## "저를 도와줄 사람은 이제 아무도 없어요"

공감에 첫발을 디딘 지 얼마 안 된 2010년 6월, 유엔난민기구 한국 사무소로부터 취업 허가 없이 공장에서 일하다가 단속된 난민 신청자를 지원해 달라는 의뢰가 왔다. 차로 2시간 넘게 달려 다다른 화성외국인보호소에는 작은 체구의 나이 어린 우간다 출신 여성이 기다리고 있었다. 함께 간 통역인을 통해 그녀의 이야기를 들을 수 있었다.

미렘(가명)의 삶은 열세 살 되던 해부터 달라졌다. 아버지가 돌아가시고 가계가 급격히 기울어 학교도 그만둬야 했다. 얼마 후 어머니가 재혼했고, 계부가 학비를 대 주어서 다시 학교를 다닐 수 있었다. 나행이라고 여겼으나, 사실 더 큰 시련의 시작이었다. 미렘이 열여섯이 되자 계부는 성

   우리는 희망을 변론한다

관계를 요구하기 시작했다. 심지어 강간하려고도 했다. 뜻대로 되지 않자 계부는 더 이상 그녀를 학교에 보내지 않았다. 그리고 에이즈 바이러스 감염자로 보이는 40대 남자에게 빚 갚는 대신 시집보내려 했다. 그 남자에게는 이미 세 명의 부인이 있었다. 어머니는 계부를 말리려다 심한 구타를 당했다.

결국 그녀와 동생을 데리고 어머니는 집을 나왔고, 계부가 그들을 찾아낼까 봐 두려워하며 숨어 살았다. 미렘은 1년 정도 수도 캄팔라에 있는 미용실에서 일했는데, 그때도 계부와 마주칠지 몰라 바깥출입을 거의 하지 않았다. 계부가 고위공무원의 운전기사로 일하고 있어서 수도에 오는 일이 잦았기 때문이다. 그러다 어머니가 속한 부족 아저씨의 도움으로 겨우 우간다에서 도망쳐 한국으로 왔다.

"한국에 있는 동안 어머니가 돌아가셨다는 소식을 들었어요. 우간다는 모든 것이 부족 중심으로 돌아가요. 부족의 도움 없이, 계부를 피해 혼자 숨어 사는 건 불가능에 가까워요. 제 친아버지는 르완다에서 온 이주민이었기 때문에 저를 품어 줄 부족이 없어요. 어머니가 돌아가셨으니 지구상에 저를 도와줄 사람은 이제 아무도 없어요."

면담 후 관련 자료를 살펴보았다. 미렘은 2006년 6월에 입국해 7월에 난민 신청을 했는데, 2009년 4월에야 결과를 받았다. 난민 불인정 결정이었다. 거의 3년 동안 결과를 기다리며 그녀는 먹고 살기 위해 불법 취업을 할 수밖에 없었다. 그러다 단속에 걸려 외국인보호소에 구금되었던 것이다.

# 보호소에 갇힌 지 1년,
# 결국 자진 출국 선택

그녀를 위해 무슨 일을 해 줄 수 있을까? 일단 난민 불인정 결정에 대한 소장을 접수했다. 그리고 구금 상태를 풀기 위해 '보호일시해제'를 신청했다. 이는 승인되는 경우가 극히 드물고, 된다 해도 300만 원에서 1000만 원에 이르는 보증금을 내야 한다. 지푸라기라도 잡자는 심정이었다. 그런데 담당 공무원은 그녀를 잘 기억하고 있다면서, 완강한 어조로 '난민일 리 없다'고 말했다. 보호일시해제는 단속을 한 출입국관리소 소관이지만, 실제로는 단속을 담당한 공무원의 의견이 그대로 반영되어 결정되는 것이나 마찬가지라고 한다. 출발부터 좋지 않은 징조였다. 나중에 듣자니, 단속 직후 담당 공무원이 정체를 알 수 없는 서류에 지장을 찍으라고 하자 미렘은 강제출국당하는 게 아닐까 두려워 완강하게 거부했고 잠시 실랑이가 있었다고 했다. 혹시나 했으나 역시나, 일시보호해제 신청을 기각한다는 통지서를 받았다.

2011년 1월, 1심 판결이 나왔다. 청구가 기각되었다. 법원은 그녀의 진술에 신빙성이 있다고 판단하면서도 여러 이유를 들어 그녀가 난민의 정의에 부합하지 않는다고 판단했다. 그녀의 박해자가 국가가 아니라 계부라는 개인이었기에 난민 인정이 쉽지 않을 거라 예상은 했었다. 그러나 법원이 별다른 근거 없이 계부가 더 이상 그녀를 추적하지 않을 거라 여긴 점, 그녀가 수도인 캄팔라에서 숨어 살 수 있을 거라고 쉽게 판단한 점은 적이 실망스러웠다.

나는 다시 한 번 난민 인정에 도전하고 싶었다. 하지만 그 무렵 이미

2009년, 외국인보호소에 갇혀 있던 이란 출신 난민이 자신을 강제 송환하지 말아 달라며 한 달 넘게 단식했다. 그가 난민 신청을 한 사유는 '개종에 따른 박해 위험'이다. 이란에서 개종한 사람은 관습적 보복을 당해 왔고, 형법에 따라 사형에 처해질 수도 있다. 하지만 법무부와 법원은 그가 보호소에 구금된 후에 난민 신청을 했다는 이유로 '가짜 난민'이라 치부하고 불인정 결정을 내렸다.

1년 가까이 구금되어 있던 미렘은 많이 지친 상태였다. 이름은 외국인 '보호'소지만 그곳의 생활은 감옥과 다를 바 없다. 미렘은 보호소에서 유일한 아프리카계 여성이었기 때문에 따돌림까지 당하고 있었다. 어느 날 찾아갔더니 그녀의 머리카락이 짧게 깎여 있었다. 긴 머리를 곱게 땋은 예전 모습을 알고 있었기에 깜짝 놀랐다. "두통이 너무 심해서 밀어 버렸어요." 대수롭지 않은 듯 말해서 나도 무심히 넘겼지만, 돌이켜보면 그녀는 정신적으로 무척 힘든 시간을 보내고 있었던 것이다.

미렘에게 패소했다는 소식을 전하고 얼마 후 보호소에서 전화가 왔다. 그녀가 일주일 넘게 아무것도 먹지 못하고 있다고 했다. 미렘은 나를 보더니 "여기서 죽느니 차라리 우간다로 돌아가서 죽고 싶어요"라는 말만 반복하며 울었다. 이미 벼랑 끝까지 온 듯 보였다. 항소하자고 설득해 보았지만, 마음은 편치 않았다. 승소하리라는 보장이 없었기 때문이다. 그날 밤 나는 잠을 이룰 수 없었다.

미렘은 결국 우간다로 떠났다. 불행 중 다행으로 그녀가 떠나기 며칠 전 우간다 마케레레 대학의 변호사와 연락이 닿았다. 그는 공항으로 마중 나가 그녀를 안전한 장소에 데려다 주겠다고 약속했다. 얼마 후 그녀를 한인교회에 인계했다는 연락이 왔다. 미렘이 잠시나마 안전하게 지낼 수 있겠다는 생각에 조금은 안심이 되었다.


## 범죄자도 아닌데
## 기약 없이 구금당해

미렘의 사건을 대리하며 난민 구금의 심각성을 뼈저리게 느꼈다. 그때까



우리는 희망을 변론한다

지만 해도 구금에 대해 깊이 생각한 적이 없었다. 오히려 보호소에서 장기간 버틴 것을 보면 법원도 그녀가 '진정한' 난민임을 인정하지 않을까 하는 무책임한 기대를 품었던 것이 사실이다. 수용소 생활이 내 의뢰인의 정신과 건강을 조금씩 갉아먹고 있음을 까맣게 몰랐다.

원래 외국인보호소는 사람을 장기간 수용하기 위한 시설이 아니다. 강제퇴거 명령을 받은 외국인들을 추방하기 전에 잠시 수용하는 시설이다. 강제퇴거라는 행정상의 목적을 이루기 위한 수단에 불과하다. 그래서 공식적으로는 '보호'라는 표현을 쓰는 것이고, 최소한으로 제한되어야 마땅하다.

그런데 미렘처럼 난민 신청자가 허가 없이 일하다 단속되면 다른 외국인과 마찬가지로 강제퇴거 및 보호 명령을 받고 외국인보호소에 갇힌다. 여기서부터 문제가 발생한다. 난민은 자국으로 돌아갈 수 없고, 돌려보내져서도 안 된다. 정부도 함부로 강제퇴거 명령을 집행할 수 없다. 다시 말해, 일단 보호소에 수용되면 난민으로 인정받을 때까지 기약 없이 갇혀 살아야 한다. '보호'라는 이름의 수용이 사실상 형벌로 탈바꿈하는 것이다. 박해를 피해 보호를 요청하러 온 나라에서 되레 박해를 당하는 셈이다.

이 같은 구금은 난민으로 인정받는 일 자체에도 악영향을 미친다. 자신의 진술을 입증하기 위한 준비를 전혀 할 수 없고, 변호사 등 자신을 도와줄 수 있는 사람들과 만나기도 어렵다. 차로 왕복 4시간 거리에 떨어져 있는 화성까지 찾아가 면담하는 일은 변호사에게 적지 않은 부담으로 작용한다.(게다가 난민 사건은 한두 번 면담으로 사건의 전말을 파악하기 불가능하기 때문에 수차례 방문해야 한다.) 따라서 보호소에 갇혀 있는 난민은 자신을 지원할 변호사를 찾지 못하거나 충분한 지원을 받기 어려운 처지에 놓인다.

## "지연된 정의는 정의가 아니다"

2011년 7월 한국 정부에 난민 신청을 한 파욱(가명)과 뚜뚜야(가명)는 2013년 2월 취업 허가 없이 일하다가 단속을 당해 출입국관리소로부터 강제퇴거 명령을 받고 화성외국인보호소에 구금되었다. 당시 이들은 난민 불인정 결정을 받고 법무부에 이의 신청을 한 상태였다. 이 소식을 접한 이주단체들은 서울출입국관리사무소 앞에서 기자회견을 가졌다. 난민 신청자에게 아무런 생계 지원도 하지 않고 취업을 불허하는 것은 생존권을 박탈하는 것이라고 규탄하고 파욱과 뚜뚜야를 석방하라고 요구했다. 하지만 출입국관리소는 두 사람이 출입국관리법을 위반했으니 최종 결정이 날 때까지 외국인보호소에 있어야 한다는 입장을 밝혔다.

공감은 파욱과 뚜뚜야를 대리해 서울행정법원에 강제퇴거 및 보호 명령 취소소송을 제기하고, 판결이 확정될 때까지 명령 집행을 정지해 달라는 신청을 냈다. 법원이 이를 받아들여, 2013년 7월 파욱과 뚜뚜야는 거의 5개월 만에 외국인보호소에서 나올 수 있었다. 2013년 10월 10일에는 승소 판결이 났다. 그동안의 정부 정책이 헌법 정신을 위반하고 있었음을 확인하는 의미 있는 판결이었다.

서울출입국관리사무소가 (…) 허가 기간 외에 취업 활동을 하였음을 이유로 강제퇴거 명령을 한 것은 행정의 획일성과 편의성만을 일방적으로 강조하고 난민 신청자의 인간으로서의 존엄성은 무시한 조치로서, 이를 통해 달성하고자 하는 공익에 비해 원고가 입는 불이익이 현저하게 커 위법하다. (…) 우리나라 정부는 난민 신청자에 대하여 아무런 생계 지원을 제공하지 않았다. 이런 상황에서 취업 활동을 일체 불허하는 것은 난민 신청자의 생존을 난민 지원 비정부단체나 자선단체 등의 호의에 전적으로 맡기는 것이어서 인간의 존엄성을 수호하고 생존권을 보장해야 할 문명국가의 헌법 정신에 어긋난다.

(…) 난민 인정 신청을 남용하는 문제는 난민심사관을 늘려 심사 기간을 대폭 단축시키고 그 밖의 제도적 보완 장치를 갖추어 남용의 실익이 없도록 함으로써 억제해야 할 것이지, 난민 신청자 전부를 난민 인정 시까지 난민이 아닌 것으로 추정해 생계 지원도 없이 취업 활동도 할 수 없게 하는 것은 선량한 난민에 대한 보호 의무를 방기하는 것이나 다름없다. 지연된 정의는 정의가 아니기 때문이다.

## 아시아 최초로 난민법을 만들다

2008년 공감은 피난처, 난민인권센터, 국제앰네스티, 기독법률가회, 법무법인 태평양 공익위원회 등과 함께(유엔난민기구와 국가인권위원회는 참관인 자격으로 참여했다) '난민정책개선모임'을 구성해, 난민 인권에 대한 전반적인 실태조사 및 난민법 제정안 마련을 위한 연구조사를 진행했다. 또 서울지방변호사회가 주최한 난민 관련 세미나에서 연구 내용을 소개하고 난민 인권 개선에 적극 나서 줄 것을 호소했다. 같은 해 12월 국회인권포럼에서 개최한 난민법 세미나에서는 연구 결과를 법안 형태로 발표했다. 2009년 5월, 서울지방변호사회의 청원을 거쳐 24명의 국회의원이 난민법안을 정식으로 국회에 발의했다. 그리고 2013년 7월, 우리나라는 아시아 최초로 난민법을 시행하는 국가가 되었다.

난민법은 크게 세 가지 주안점을 두고 있다.

첫째, 난민 인정 절차의 신속성과 투명성 높이기. 이를 위해 난민 신청자가 변호사의 조력을 받을 권리, 면담 시 신뢰 관계가 있는 사람의 동석, 일정 자격을 갖춘 통역인에 의한 통역에 관한 규정을 두었고, 심사 담당 공무원이 작성한 면담조서를 난민 신청자가 이해할 수 있는 언어로 통역 또는 번역해 내용을 확인할 수 있도록 했다. 또한 난민심사관과 난민위원회 등 전담 기구가 생겨난다.

둘째, 소송 중인 난민 신청자에 대한 처우 개선하기. 법무부는 난민 불인정 결정을 받고 소송 중인 난민 신청자를 추방 대상으로만 보고 있었다. 난민 불인정 결정이 법원에서 뒤집힐 가능성을 아예 배제하고 있었다는 뜻이다. 그래서 취업 허가는 물론, 체류 자격도 부여하지 않았다. 다만 소송을 위해 국내에 머물 수 있도록 출국 기한이 3개월마다 유예될 뿐이었다. 법원에서 승소하는 난민 신청자가 꽤 있음에도 그랬다. 그래서 난민법은 소송 중인 난민 신청자도 일반적인 난민 신청자임을 명시하고, 취업 허가의 길을 열어 놓았다.

셋째, 난민이 국내에 정착할 수 있도록 지원하기. 난민들은 국내에 장기적으로 머물 수밖에 없는 처지이다. 난민으로 인정을 받더라도 낯선 나라에서 정상적인 살아가기 위해서는 언어를 비롯한 수많은 장벽을 넘어

2011년 6월 19~20일 국회, 서울역, 청계광장 등지에서 난민의 날과 「난민협약」 60주년을 기념하는 '난민과 함께하는 플래시몹' 이벤트를 벌였다. 당시 국회에 계류 중이던 난민법 제정을 지지하는 의미도 있었다. 공감의 제안으로 이뤄진 이 행사는 처음으로 관련 국가기관과 인권단체가 함께 기획하고 준비했다는 점에서 의미가 있다.

야 한다. 그럼에도 이들이 국내 생활에 적응할 수 있도록 지원하는 프로그램이나 제도가 전무했다. 난민법은 난민에게 한국어 교육, 의료 등을 지원할 수 있는 근거를 마련해 놓고 있다.

사실 난민법에 대한 법무부의 입장은 미온적이었다. 대놓고 반대하지는 않았으나 지속적으로 남용 가능성에 대한 우려를 표명하며, 특히 난민 신청자에 대한 생계 지원, 취업 허가, 난민 신청자의 구금 제한에 관한 규정의 수정 및 삭제를 요구했다. 결국 구금 제한에 관한 규정은 삭제되었고, 난민 신청자에게 적어도 취업 허가 또는 생계 지원 둘 중 하나라도 해주도록 한 원안의 규정은 "법무부장관은 (…) 생계비 등을 지원할 수 있다" "법무부장관은 난민 인정 신청일부터 6개월이 지난 경우에는 (…) 취업 허가를 할 수 있다"는 재량 규정으로 바뀐 채 국회에서 가결되었다. 생존권을 권리로 인정하지 않고 있다 보니 여전히 공백이 발생할 수밖에 없다. 2013년 생계 지원 예산이 책정되지 않아 출입국 당국은 난민 신청자의 생계 지원 신청 접수 자체를 거부하기도 했다. 그러나 남용될 가능성이 있다고 난민의 기본적 인권마저 존중하지 않겠다는 입장은 남용의 책임을 힘없는 난민에게 전가하는 것이다.

난민은 자신에게 닥친 위협과 제압에서 벗어나고자 노력했던 용기 있는 사람들이다. 이들이 자국을 떠나 난민이 된 데에는 제각각 다른 이유가 있지만, 삶과 자유에 대한 강한 의지를 지니고 우리 땅을 밟았다. 우리가 그 열망을 보려 노력한다면 난민에 대한 시선이 지금과 같지는 않을 것이다. 난민법의 시행과 함께 난민도 우리와 함께 이 땅에 건강한 발걸음을 내딛기 바란다.

# 한국에만 있는 '출생등록 없는 출생신고'

출생등록은 모든 신분 확인의 기초 자료가 된다. 자신이 누구인지를 증명할 수 없는 사람은 사회생활을 제대로 하기 어렵다. 나아가 출생등록은 한 사람의 국적을 증명하는 중요한 자료가 되기도 한다. 출생등록이 없는 아이는 사실상 무국적자로 전락할 위험이 있다. 특정 국가의 국적을 가지고 있다 하더라도 이를 해당 정부에 증명할 길이 없기 때문이다.

출생과 동시에 부여되는 주민등록번호 하나로 거의 모든 증명이 가능한 생활에 익숙한 우리나라 사람들은 이런 상황이 쉽게 이해되지 않을 것이다. 하지만 외국으로 나가는 동시에 주민등록번호는 무용지물이 된다. 출생증명서(우리나라의 경우 가족관계등록부등본) 또는 여권만이 국적과 신분을 확인하는 자료로 쓰일 수 있다. 주민등록은 본디 신분 관계 증명을 위한 제도가 아니라, '주민의 거주 관계 등 인구동태' 파악을 목적으로 한 제도이기 때문이다. 출생등록은 그래서 중요하다.

그런데 우리나라에서 태어나 살고 있음에도 출생등록조차 없는 아이들이 있다. 난민에게서 태어난 아이가 대표적인 예다. 자국 정부가 두려워 한국 주재 대사관에 발을 들이지 못하는 경우가 있기 때문이다. 자국 정부에 출생신고를 하지 못할 경우 우리나라 정부에 신고할 수 있을까? 대답은 "그렇다"이다. (대부분의 구청에서는 이 사실을 알지 못한다.) 하지만 출생을 신고한다 해서 출생등록이 되는 것은 또 아니다. 출생신고서만 보관될 뿐이다. 출생등록 없는 출생신고는 전 세계적으로 찾아보기 힘든 사례로 그 의미를 논하기조차 어렵다. 대법원 가족관계등록과에 문의해 보니, 이는 원래 가족관계등록부가 없는 국민이 발견될 경우 등록부가 마련될 때까지 취하는 일시적인 조처에 불과하고, 외국인의 출생신고를 위해 만든 제도가 아니라는 설명이 돌아왔다.

'출생신고서 보관'이 출생등록 없는 아이들을 위한 최종적인 해결책이 될 수는 없다. 우리나라 정부가 그런 데까지 신경 써야 하냐고 생각할 수도 있다. 그러나 아이들은 국적을 불문하고 보호받아야 하는 존재이다. 게다가 우리는 자랑스러운 「유엔아동권리협약」 가입국 아닌가. 협약은 '모든 아동의 출생이 등록되어야 한다'고 명시하고 있다. 그 의무가 자국민에 한정되지 않음은 물론이다. 영국, 독일, 스페인, 미국 등 많은 국가가 외국인과 자국민 모두에게 적용되는 출생등록 제도를 가지고 있다. 아무런 공적 기록도 없는 아동들이 우리나라에서 나고 자라는 것이 그 누구에게도 바람직하지 않다는 점에는 의문의 여지가 없다.

지난 2012년 초, 파키스탄 출신 난민 신청자가 한국에서 낳은 자녀 셋의 출생을 아직 등록하지 못했는데 도와줄 수 있냐고 물어 왔다. 우리는 아이들의 출생신고를 하러 종로구청을 찾았다. 그녀가 사는 지역의 관할구청에서는 난민의 출생신고가 금시초문이라는 입장이었기 때문이다. 사흘에 걸쳐 세 번을 방문한 끝에 손에 쥔 것은 출생신고를 수리했다는 '수리증명서'였다. 한 인생의 시작을 알리기에는 너무나 초라해 보이는 문서였다.

집이 무너지면
삶도
무너진다

용산참사와 강제퇴거, 그리고 주거권을 생각하다

차혜령 변호사

## 2009년 겨울,
## 용산의 기억

공감에서 일한 기간 동안 잊지 못할 단 하루를 말하라면, 2009년 1월 20일을 꼽겠다. 그날도 여느 날과 마찬가지로 출근하자마자 컴퓨터를 켜고 메일함을 열었다. 밤사이 들어온 메일을 확인하는데 한 주거권 활동가의 다급한 메시지가 있었다. 경찰이 서울 신용산역 앞 상가 건물에서 망루 농성을 하던 철거민들을 진압했는데 그 과정에서 사람들이 죽었다는 소식이었다.

뉴스를 검색하고, 현장 영상을 보고, 전화로 수소문해 상황을 파악했다. 경찰특공대가 서울 용산 한강로 2가 남일당 건물에서 점거농성을 하던 철거민들을 진압하던 중 화재가 발생했고, 이 화재로 철거민 5명과 경찰 1명이 사망하고 여러 명이 부상을 입었으며 다치지 않은 생존 철거민들은 현행범으로 모두 체포되었다. 농성을 하던 철거민들은 한강로 2가 일대에서 시행되던 ‘국제빌딩 주변 제4구역 도시환경정비사업’ 구역에 속한 상가 세입자들 그리고 이들과 연대한 다른 지역의 세입자들이었다. 모두 사업시행자인 조합의 비현실적인 보상과 강제철거 및 퇴거에 항의 하면서 조합과의 협상을 위해 2009년 1월 19일 그 구역의 빈 건물 옥상 에 올라가 농성을 시작한 사람들이었다.

그날 정오, 공감의 황필규 변호사와 함께 인권사회단체의 긴급 대책회 의가 열리는 현장 근처의 철도회관으로 찾아갔다. 망루의 철거민들이 누 구인지, 어디에 있는지조차 알 수 없는 상황이었다. 건물 밖으로 나오자 마자 곧바로 체포되어 3개 경찰서로 나뉘어 연행되었기 때문이다. 중상 을 입은 철거민들 역시 몇 개 병원으로 나뉘어 이송되었다. 누가 어디로 잡혀갔는지 알 수 없으니 가족이 갈 수도 없고 변호사만이 ‘철거민의 변 호인’이라는 이름으로 접견 가능한 상황이었다. 그래서 경찰서를 찾아 접견하고, 망루 안에 누가 있었는지, 어떤 일이 벌어졌는지에 대해서 밖 에 있던 사람들이 본 것과 촬영된 영상으로 알 수 없는 이야기를 들었다. 접견을 마친 다음 부상자가 입원했다고 알려진 순천향대학교병원으로 향했으나 사람들을 만날 수는 없었다.

그사이 경찰에 분산 수용된 철거민들이 오후 6시 즈음해 서울중앙지방 검찰청으로 옮겨졌다는 연락을 받았다. 장서연 변호사와 검찰 조사에 참 여했고, 민변에도 변호사 지원을 요청했다. 철거민의 조사(피의자신문)를 끝내고 조서 열람을 마치고 검찰청을 나서니 다음날인 21일 새벽 2시가 넘어가고 있었다.

같은 시각, 황필규 변호사는 사망한 철거민의 유족들과 함께 시신이 안

치된 병원에서 경찰과 실랑이를 벌이고 있었다. 경찰이 검찰 지시라면서 유족들이 시신을 볼 수 없게 가로막았기 때문이다. 경찰에 항의하고 검찰에 계속 전화한 끝에 새벽이 되어서야 유족들은 영안실로 들어갈 수 있었다.

## 용산참사, 아직 끝나지 않았다

참사 당일 대책회의에 갈 때에는 지원할 사람들이 모이기 전에 사건 초기 필요한 일을 잠시 한다는 생각이었다. 그 하루가 지금까지의 공감 활동으로 이어질지 그때는 몰랐었다. 검찰은 철거민들에게 경찰관 사망의 책임을 물어 특수공무집행방해치사라는 죄로 기소했다. 공감에서는 장서연 변호사와 내가 민변 소속 변호사들과 함께 '용산참사 철거민 공동 변호인단'을 꾸려 기소된 철거민들을 변호했다. 이후 변호인단의 사임으로 형사사건을 끝까지 맡지 못했지만, 경찰 진압 책임자에 대한 고소와 고발, 검찰의 수사기록공개명령 위반에 대한 헌법소원심판청구 대리, 수사기록 비공개에 대한 국가배상청구, 강제퇴거금지법 제정운동, 국민법정, 용산참사를 기록한 영화에 대한 법률 자문 등등의 활동은 계속되었다.

변호인단은 철거민 유가족들을 대리해 당시 경찰청장 김석기를 비롯해 경찰 진압의 책임자들을 업무상과실치사 등의 혐의로 고소하기도 했다. 하지만 검찰은 모두 불기소 결정을 했고, 법원에 낸 재정신청[*]도 받아

---

[*] 검찰의 잘못된 수사를 바로잡아 공소 제기 결정을 해 줄 것을 요구하는 신청.

들여지지 않았다.

결국 용산참사에 관한 책임을 묻는 재판으로는, 진압작전을 수행한 경찰특공대 한 명의 죽음에 대해서 현장에서 살아남은 철거민들을 특수공무집행방해치사 혐의로 기소한 재판이 유일하다. 변호인단은 사건의 실체를 밝히기 위해 검찰에 수사기록 열람등사신청을 했고 검찰이 거부하자 다시 법원에 허가신청을 해 법원으로부터 수사기록 열람등사허용 결정을 받아 냈다. 그러나 검찰은 법원의 견정을 따르지 않았고, 재판부는 법원의 결정을 이행하지 않는 검사에 대해 어떤 조치도 취하지 않았다. 변호인단은 일방적으로 형사공판을 진행하는 재판부에게 공정한 재판을 기대할 수 없다고 판단해 기피신청*을 했으나 이 또한 받아들여지지 않아 결국 변호인 사임이라는 초강수까지 쓰게 되었다. 그 후 천주교인권위원회 소속 변호사들을 중심으로 꾸려진 변호인단에서 철거민들을 변호했지만, 대법원에서 모두 유죄 판결을 내렸고 철거민들에게는 4년에서 6년까지의 중형이 선고되었다.

형사사건 외에 용산참사 재판과 관련해서 수사기록 공개를 둘러싼 헌법소원심판청구, 국가배상청구가 진행되었다. 헌법재판소는 '검사가 법원의 열람등사허용 결정을 따르지 않고 열람등사신청을 거부한 행위'가 '신속하고 공정한 재판을 받을 권리'와 '변호인의 조력을 받을 권리'를 침해했으므로 위헌이라고 확인했다. 법원도 '검사의 열람등사신청 거부가 불법행위이므로 대한민국은 철거민들에게 손해배상해야 한다'고 판결했다. 그러나 이미 때는 늦었다. 1심 판결이 선고되고 항소심 법원에 의

---

* 법관이 불공평한 재판을 할 염려가 있을 때 법관의 직무집행 배제를 구하는 신청.

 우리는 희망을 변론한다

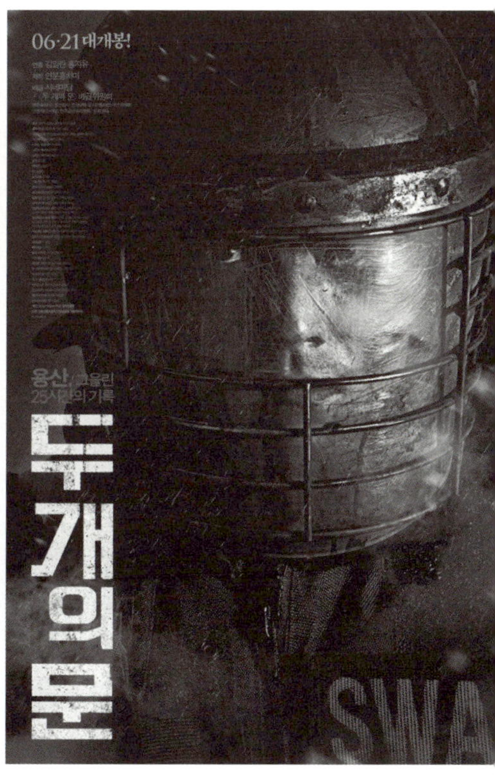


2009년 1월 20일 오전 경찰특공대가 크레인에 매달린 컨테이너를 이용해 철거민들이 농성을 벌이고 있던 건물로 진입을 시도했다. 공감은 용산참사를 다룬 다큐멘터리 영화 〈두 개의 문〉에 법률 자문을 했다.

해 기록이 공개된 후에야 헌법재판소의 결정과 법원의 판결이 나왔기 때문이다.

용산참사 철거민에 대한 형사재판을 지켜보는 것은 법과 재판의 무력함을 확인하는 과정의 연속이었다. 형사재판 자체가 국가 폭력이 적법한 공무집행으로 확인받는 과정이기도 했다. 나는 용산참사 재판이 진실 규명에 실패한 재판이고, '만만치 않은 상대'에게 이기지 못한 재판이라고 생각하지만, 이 재판이 용산참사에 대한 마지막 결론이라고 생각하지는 않는다. 법원의 재심청구절차, 입법부의 진상조사, 특별법 제정 등을 통해서 언젠가는 반드시 다시 다뤄지리라고 생각한다.

## 국가 폭력 이전에 강제퇴거의 문제다

우리는 2009년 1월 20일 국가가 국민을 어떻게 죽이는가를 생생하게 목도했다. 용산참사의 직접적인 원인은 경찰의 위법한 공무집행이지만, 보다 근본적인 원인은 재정착이 보장되지 않은 강제퇴거에서 찾을 수 있다. 대한민국 각지에서 벌어진 개발사업과 강제퇴거, 그로 인한 주거권과 생존권 침해 문제가 용산참사에서 극단적으로 드러난 것이다. 각종 개발사업은 주거환경 개선이라는 본래의 목적에서 벗어나 사업시행자와 건설사들의 개발 이윤을 극대화하는 한편, 원주민들의 최소한의 주거권과 생존권은 도외시하고 이들을 배제하는 방식으로 추진되어 왔다. 용산참사가 일어난 곳도 '국제빌딩 주변 제4구역 도시환경정비사업'이라는 개발사업이 시행되던 곳이다. 그곳에서 몇 년째 장사를 하며 생계를 이어 온

   우리는 희망을 변론한다

세입자들은 다른 곳에서 같은 장사를 하며 재정착할 방도가 보이지 않자 벼랑 끝에 몰려 망루 농성을 택했고, 경찰이 위법한 과잉 진압으로 대응해 결국 참사가 일어난 것이다.

유엔 경제적·사회적·문화적 권리 위원회(사회권위원회)[*]는 2009년 가을, 한국의 사회권 상황을 심사하면서 용산참사와 같은 강제퇴거 문제가 다시 발생하지 않도록 하라고 한국 정부에 권고했다. 이에 우리 정부는 용산참사는 강제퇴거가 아니라고 즉각적으로 반박했다.

사회권위원회는 1997년 발표한 일반논평에서 '강제퇴거'를 다음과 같이 정의한다.

개인, 집단 및 공동체를 그들이 점유 또는 의존해 살아가던 집, 땅, 공동자산으로부터 강제 또는 비자발적으로 이주시킴으로써, 그들이 적절한 형태의 법적 보호 및 그 밖의 보호를 받지 못하고 특정 거주지나 지역에서 거주하거나 일할 수 있는 능력을 빼앗기거나 제한받는 것.

강제퇴거의 핵심은 '원래 살던 곳에서 쫓겨나 재정착할 수 없다'는 것이다. 용산참사 현장에서 시행되던 도시환경정비사업에 대해서, 우리 법은 '상업지역에서 토지를 효율적으로 이용하고, 도심이나 부도심과 같은 도시 기능을 회복하거나, 상권 활성화가 필요한 지역에서 도시환경을 개

---

[*] 유엔은 1966년 「경제적·사회적·문화적 권리에 관한 국제 규약」을 채택하고 이의 이행을 감독하는 위원회를 설치했다. 위원회는 국가보고서를 검토해 규약의 이행 상황을 점검하고 '일반논평'을 통해 각 권리의 범위와 내용을 해석하는 기준을 제시한다. 1990년 규약을 비준한 대한민국 정부 역시 관련 보고서를 5년마다 제출해 심의를 받아야 한다.

선하기 위한 사업'이라고 말한다. 그런데 이 과정에서 비자발적으로 그 지역을 떠나야 하는 사람들이 현재 살고 있는 것과 같은 조건으로 주거를 구하지 못하거나 생계를 유지할 수 없다면 강제퇴거의 성격이 있다고 봐야 한다.

용산참사 이후에도 개발사업으로 원주민이 쫓겨나고 저항하고 충돌하는 상황은 계속되고 있다. 2009년 12월 홍익대 앞 식당 두리반, 2010년 1월 왕십리 뉴타운, 2011년 4월 상도4동, 2011년 8월 포이동 재건마을, 2011년 명동의 카페 마리, 2012년 넝마공동체 철거 등 언론에 드러난 사례만 꼽아도 셀 수 없을 정도이다.

## 폭력적인 강제퇴거, 왜 변하지 않나?

대한민국 곳곳에서 아파트나 주상복합건물, 새로운 공공시설이 들어서는 공사장을 만날 수 있다. 그 현장을 들여다보자. 외관상으로 사업시행자는 적법한 '집행권원'[*]을 갖고서 사람을 퇴거시키고 건물을 철거하는 듯하다. 사업시행자는 판결문을 가지고 있고 집행법상의 절차를 거쳤기 때문이다. 그러나 현장에서 보는 광경은 '적법'의 외양과는 사뭇 다르다. 퇴거와 철거를 실행하는 용역들은 폭력을 휘두르고 퇴거당하는 사람들은 온몸으로 저항한다. 이 과정에서 물리적 충돌이 발생하기 일쑤다. 때로 퇴거와 철거는 겨울철이나 새벽에 이뤄지기도 하고, 군사작전을 방불

---

[*] 일정한 사법상의 이행청구권의 존재와 범위를 표시하고, 그 청구권에 집행력을 인정한 문서.

   우리는 희망을 변론한다

케 할 정도의 기습적인 방식을 취하기도 한다. 현장의 장면을 담은 사진이나 영상을 보면 "이것이 과연 법원의 판결에 의해서 '정상적으로' 이뤄지는 것인가?" 하는 의문이 생긴다.

한국 사회에서 강제퇴거의 역사는 꽤 오래 전으로 거슬러 올라간다. 1970년대 도시개발이 본격적으로 시작되던 시기에 판자촌을 이루어 살던 사람들은 재정착을 보장받지 못한 채 살던 곳에서 나와 흩어져야 했다. 1987년 민주화항쟁 이후 개발사업을 신속하게 추진할 목적으로 임대주택 정책이 만들어졌지만 철거민들의 저항이 계속되었다. 2000년대에는 재개발, 뉴타운 사업이라는 도심개발사업이 확장되면서 세입자는 물론 소형주택의 주인까지 강제퇴거의 현실에 맞닥뜨린다.

수십 년 세월이 흐르는 동안 퇴거와 철거를 둘러싼 현장의 모습은 크게 변하지 않았다. 왜 상황이 나아지지 않을까? 혹시 변할 수 없는 것일까? 어쩌면 개발 현장의 강제집행은 '으레 그런 것' '어쩔 수 없다'는 인식이 이미 우리 모두에게 만성화된 건 아닐까?

## 강제퇴거금지법 제정이 시급하다

강제퇴거는 당연하지도 자연스럽지도 않다. 강제퇴거금지법 제정운동은 더 이상 이런 현실을 두고 볼 수 없다는 절박함에서 출발했다. 용산참사 1주기 즈음, 이러한 참사가 다시는 일어나지 않게 하기 위해서 '지금, 여기서, 우리가 할 수 있는 최소한'이라는 문제의식에서 강제퇴거금지법 논의가 시작되었다. 공감은 여러 인권사회단체, 철거민단체와 함께 강제퇴거금지법의 초안 작업을 했다. 이후 강제퇴거금지법 제정 특별위원회를 꾸려 워크숍, 쟁점포럼, 토론회, 강제퇴거감시단, 강제퇴거금지법 제정 1만인 선언운동을 함께하며 법안을 다듬고 입법의 공감대를 넓혀 나갔다.

'용산참사재발방지법'이라는 별칭으로 구상되기 시작한 법안은 크게 다음 네 가지 내용을 담고 있다.

첫째, 강제퇴거에 관련된 중요 개념과 권리를 명시했다. 유엔 경제적·사회적·문화적 권리위원회가 1997년 발표한 「적절한 주거의 권리에 관한 일반논평: 강제퇴거」를 참고해, 강제퇴거를 "건축물 또는 토지 점유자의 의사에 반해 또는 비자발적으로 점유자를 퇴거하게 해 점유자가 적절한 법적 보호 또는 그 밖의 보호를 받지 못하고 특정 거주지나 지역에서 거주할 수 없게 되거나 일할 수 없게 되는 것"으로 정의했다. 또, 강제퇴거를 금지하는 궁극적 목적이 '적절한 주거의 권리를 누리기 위함'임을 명시하고, 누구도 강제퇴거를 당해서는 안 된다는 원칙을 밝혔다. 여기서 강제퇴거란 퇴거된 후에 그 전과 같은 상태로 재정착할 수 없는 상태이기도 하다. 재정착은 "거주민이 개발사업의 시행 중 및 개발사업의 완료 후에 개발사업 시행 전과 동등한 수준으로 거주하거나 일하는 것"으로 풀어썼다.

둘째, 퇴거 및 철거 시점을 기준으로 '사전 절차' '집행 절차' '사후 절차'의 세 단계로 나눠, 강제퇴거 시 지켜져야 힐 일반 원칙을 명시했다.

퇴거와 철거의 사전 절차에서 중요한 것은 '고지'이다. 지금까지 개발사업이 본격적으로 시행되면 사업구역 내 (종종 '용역 깡패'로 불리는) 용역이 상주하면서 그곳에 살고 있는 사람들에게 모욕, 폭행, 협박, 손괴, 성적 괴롭힘, 위력을 가하거나 불안감을 조성하면서 나가라고 하는 경우가 빈번했다. 용산에서도 용역이 영업하는 가게 앞에 오물을 가져다놓고 아무 데서나 용변을 보며 불쾌감을 주었고, 쇠파이프를 들고 다니거나 쇠파이프로 벽을 긁어서 그 소리만으로도 공포감이 들었다는 철거민의 증언이 있다. 이러한 방식으로 퇴거를 종용하는 행위를 방지하기 위해, 퇴거에 대한 고지를 반드시 확정판결 이후 일정한 기간을 두고 서면으로 하도록 했다.

집행 절차에서는 '사람의 생명의 안전과 존엄'이 반드시 지켜져야 한다. 너무나 당연하지만 무수히 무시되고 간과되어 온 원칙이다. 이 법안에서는 퇴거를 실행하는 사람이 퇴거 현장에서 폭언, 폭행, 협박, 손괴 등 폭력 행위를 하는 것을 금지한다. 퇴거되는 사람의 동의가 없는 한 일출 전과 일몰 후, 공휴일, 겨울철, 악천후에 퇴거시키는 것도 금지한다. 더불어 관할 행정관청으로 하여금 공무원을 파견해 퇴거 준비부터 완료까지 현장에서 위법 행위가 벌이지지 않는지 감독하도록 정했다.

사후 절차로는 국가 및 지방자치단체가 강제퇴거된 사람을 보호하기 위해 해야 할 일을 규정했다. 즉, 대안적 숙박시설, 음식과 물, 위생시설, 의복, 의료 서비스, 생계 수단, 교육시설을 제공하고, 장기적으로 주거 및 생활 안정을 위한 대책을 세우도록 했다.


셋째, 개발사업에서 강제퇴거에 관한 규율을 다시 정했다. 개발사업을 유형화하고, 강제퇴거가 공익의 목적을 달성할 수 있을 경우에만 시행되

2011년 10월 국회도서관에서 열린 강제퇴거금지법 제정 토론회에 참석한 차혜령 변호사(왼쪽).

어야 함을 분명히 했다. 이 법안은 개발사업에 관해 현행 법률들과 근본적으로 다른 접근 방식을 취한다. 즉, 소유자와 세입자를 포함한 거주민 4분의 3 이상의 동의를 얻어 개발사업을 시행하도록 했다. 또 사업구역 지정에서부터 사업 시행을 위한 계획의 수립, 승인·인가 등에 이르기까지, 주요 추진 단계마다 모든 거주민에게 정보를 제공하도록 했다. 이는 거주민의 실질적인 의견을 수렴하기 위한 전제가 된다. 가장 첨예한 문제는 '재정착'이다. 여기서 핵심은 개발사업 시행 후에도 그 전과 동등한 수준의 주거나 생계 유지가 가능하도록 하는 것이다.

넷째, 법에 담긴 내용이 실효성을 가질 수 있는 방안을 담았다. 강제퇴거를 막기 위해서는 형사처벌 외에도 행정적 제재를 적극적으로 활용할 필요가 있다. 또한 퇴거나 철거에 대한 강제집행, 행정대집행 및 강제퇴거 금지, 개발사업에 관해서는 다른 법률보다 우선해 강제퇴거금지법을 적용하고, 다른 법률을 제정하거나 개정할 때에도 강제퇴거금지법을 기준으로 삼도록 했다.



우리는 희망을 변론한다

이런 내용이 담긴 강제퇴거금지법 제정안은 18대 국회에서 정동영 전 민주당 의원이 대표로 발의했다가 국회 입법기가 만료되면서 폐기되었다. 이어 19대 국회에서 민주당 정청래 의원을 비롯한 20명 의원이 2012년 9월 다시 발의했으나, 여전히 상임위원회에서 심의 중이다.

# 주거권은
# 우리 모두의 문제

주거권은 여러 내용이 담긴 권리이지만 간추려 보라 하면, '사람이 살아가는 데 적절한 주거에서, 내가 감당할 만한 주거비를 부담하면서, 내 의사와 무관하게 내가 원하지 않는 때에 쫓겨나지 않는다는 보장을 받으면서 살아가는 권리'라고 말할 수 있다. 또 '살아가는 데 필요한 여러 가지 설비와 공공시설을 이용할 수 있고, 집을 구하는 데 차별받아서는 안 되는 권리'라는 것도 덧붙여야 한다.

「2008년 주거권선언」(192쪽 참조)에는 '집은 인권이다'라는 부제가 달려 있다.[*] 주거권이 어떤 의미인지를 이보다 더 잘 표현한 말을 찾기 힘들 것이다. 주거권은 생존을 넘어 인간다운 생활을 영위하기 위한 가장 기본적인 토대가 되기 때문이다. 또 주거권은 건강권, 사생활을 누릴 권리, 국가로부터 사회보장을 받을 권리, 공직 선거에서 투표할 권리 등 다른 기본적인 인권을 보장받을 수 있는 전제가 되기도 한다.

---

[*] 주거권운동네트워크가 펴낸 책의 제목이기도 하다. 『집은 인권이다: 이상한 나라의 집 이야기』 (2010, 이후)

앞에서 본 강제퇴거가 '나의 뜻과 달리 내가 살던 동네에서 쫓겨나는 사람들'의 문제, 즉 안정적인 점유를 법적으로 보장받을 수 있느냐의 문제라면, 이밖에도 주거권의 세부 내용만큼이나 다양한 방식으로 주거권의 위협을 받는 사람들이 있다.

2011년 조사에 따르면, 우리나라에서 약 26만 명, 전체 인구의 약 0.5퍼센트에 해당하는 사람들이 주거로 삼기에 적절하지 않은 곳에서 살아가는 것으로 추산된다. 거리, 노숙인시설, 쪽방에서 생활하는 사람들, 고시원이나 여인숙에서 사는 사람들, PC방, 사우나, 만화방, 다방과 같이 숙박용이 아닌 다중이용업소에 잠자리를 마련한 사람들, 비닐하우스촌, 컨테이너나 움막에 사는 사람들이 앞에 해당한다. 주거취약계층 또는 주거빈곤층이라고도 하는데, 이들은 건강과 의료, 고용 문제도 함께 겪고 있는 경우가 많다.

사실상 대한민국에서 집 걱정 하면서 사는 사람들이라면 모두 주거권의 문제에서 자유로울 수 없다. 늘 보증금과 월세를 걱정하며 집주인의 전화를 두려워하는 사람이라면, 계약이 끝날 때마다 이삿짐을 꾸려야 하는 사람이라면, '주거비를 충분히 감당하면서, 희망하는 일정한 기간 동안 안정적으로 점유를 누린다'고 할 수 있을까?

통계를 살펴보면, 우리나라 국민의 절반 이상이 최소한 5년에 한 번씩 이사를 하고, 3분의 1 이상이 2년에 한 번씩 이사를 다니고 있다. 열 가구 중 네 가구는 집이 없는 세입자인데, 이들의 절반 이상은 2년에 한 번씩 이사한다. 한 동네에서 학교와 직장을 다니고 자녀를 키우고 이웃과 살뜰한 관계를 맺기에는 턱없이 부족한 기간이다.

우리 주택임대차보호법이 2년 기간만 보장하니 어쩔 수 없지 않느냐고? 세입자 가구가 같은 집에서 평균 13년을 사는 독일은 어떤가? 스스로 나가기 전까지는 평생 살 수 있는 공공임대주택에서 국민의 3분의 1이 사는 네덜란드는 어떤가? 나라마다 주택과 토지를 둘러싼 상황과 조건이 다르기 때문에 단순 비교할 수는 없지만, 우리가 당연하다고 생각하는 한국의 법 제도가 결코 당연하지 않을 수 있다. 임대차기간과 임대료를 정하는 주택임대차법제도 주거권의 진정한 의미를 되새겨 가며 새롭게 구성해야 한다.

누구나 어젯밤 잠자리에서 일어나 하루를 시작하고 오늘 일과를 마치면 집으로 돌아간다. 그곳에서 밥을 먹고, 씻고, 쉬기도 한다. 우리는 집을 터전삼아 삶을 일군다.

집이 튼튼한가, 햇빛은 잘 들어오는가, 상하수도가 연결되어 있나, 집에서 마음 편히 살 수 있는가, 집주인이 나가라고 하거나 집세를 올려 달라 하면 세입자는 언제든지 따라야만 하는가, 대학가서 기숙사 안 되면 어떻게 사나, 재개발한다고 이주하라는데 어디로 가야 하나, 대책이 없어 못 나가는데 강제퇴거하면 어떡하나, 철도역에서 하룻밤 자려는데 왜 쫓아내나, 장애인은 시설을 떠나 지역공동체 속에서 살 수 없나, 아이가 많다고 또는 이주민이라고 세놓지 않겠다는데 사람 차별하나… 이 모든 고민이 주거권의 문제에서 비롯한다. 집을 돈으로 구입하는 부동산이 아니라 삶의 근거가 되는 장소로 바라보자. 집이 무너지면, 우리 삶도 무너진다.

# 집은 인권이다

2008년 '주거의 날'을 기념해 한국의 주거권 활동가들이 모여 만들고 공표한 「주거권 선언」의 전문을 소개한다.

우리는 언제쯤 살만한 집에 살게 될 것인가. 우리에게는 살 만한 집이 아니라 삶을 짓누르는 '집'만 허용되고 있다.

주거권은 집을 투자상품으로 만드는 신자유주의 체제 아래서 더욱 정치적, 경제적, 사회적 문제로 떠오르고 있다. 정부는 건설자본을 위한 종합선물세트를 준비하고 가진 자들을 위해 세금을 줄여 주고 각종 규제를 풀어 주고 있다. 가난한 사람들은 집값이 올라 집에서 내쫓기고 개발 때문에 집을 빼앗기고 있다. 개발의 이익은 건설사와 정부 관료와 지역의 토호 세력들에게로 돌아갔고 이들은 끊임없이 더욱 많은 개발을 부르짖고 있다. 경제를 살리기 위해서라고 떠들지만 각종 부동산 정책으로 경제는 더욱 위태로워지고 있다. 우리는 더 이상 빼앗길 것조차 없는 상황을 맞고 있다.

그동안 삶의 자리를 빼앗긴 철거민들, 몸을 누일 따뜻한 방 한 칸이 필요했던 노숙인들, 주소지도 없이 화재에 노출되어 위태로운 삶을 살아야 했던 비닐하우스 주민들, 시설로만 몰아넣는 사회에 집을 요구하기 시작한 장애인들은 주거권을 외쳐 왔다. 이제 우리는 더욱 많은 사람들과 함께 살 만한 집에 살 권리를 외칠 것이다. 집이 상품으로 거래되는 것이 아니라 사

람을 위해 만들어지고 필요한 사람들에게 공급되도록 요구할 것이다. 또한 이를 실현하기 위한 우리의 요구를 들고 주거권이 실현되는 세상을 만들기 위해 한 발 한 발 전진할 것이다.

모든 사람은 살 만한 집에 살 권리가 있다.

지금 대한민국에서 우리가 밝히는 권리의 내용은 다음과 같다.

1. 모든 사람은 자신이 살던 땅이나 집에서 안정적으로, 살고 싶을 때까지 살 권리가 있다. 누구도 강제로 쫓아낼 수 없다.

2. 모든 사람은 적정 수준의 주거비 부담으로 살 만한 집에 살 권리가 있다. 각자의 소득에 비해 너무 많은 돈이 주거비로 지출되어서는 안 된다.

3. 모든 사람은 자신의 경제적 조건에 상관없이 적당한 수준의 집을 보
   장받을 권리가 있다. 건강을 해치지 않을 쾌적한 주거 환경이 보장되
   어야 한다. 살 만한 집은 그 집에 사는 사람의 수에 적합한 넓이여야
   하며, 부엌, 화장실, 온수시설 등 필수 시설이 있어야 한다. 전기, 물,
   도시가스가 안정적으로 공급되어야 하고 난방비가 너무 비싸지 않아
   야 한다. 햇빛이 잘 들고 바람이 잘 통해야 하며 너무 습하거나 건조하
   지 않도록 지어져야 한다. 매연이나 먼지, 소음 등에 시달리지 않을 수
   있어야 한다.

4. 모든 사람은 자신이 거주하는 공간에서 사생활을 보장받을 권리가 있
   다. 행정이나 사회복지를 이유로 거주자의 동의 없이 거주공간에 함
   부로 들어가서는 안 된다.

5. 모든 사람은 각종 시설들을 이용하기에 너무 멀지 않은 곳에 위치한
   집에 살 권리가 있다. 대중교통의 이용이 자유로워야 하며 자신이 일
   하는 곳과 동떨어진 곳에서 살 것을 강요당해서는 안 된다. 학교, 병원,
   은행, 도서관, 문화시설 등의 공공시설이 적당한 거리에 있어야 한다.

6. 임대아파트나 비닐하우스촌, 쪽방 등에 산다는 이유로, 혹은 집이 없
   어 거리에서 잔다는 이유로 차별받아서는 안 된다. 또한 국적, 인종,
   성별, 장애, 나이, 성 정체성 등을 이유로 집을 구하거나 집에서 살아
   가는 데에 불합리한 차별이 있어서는 안 된다.

7. 살 만한 집에 살 권리는 우리의 다음 세대의 권리이기도 하다. 집을 짓
   는다는 이유로 자연을 파괴하는 마구잡이 개발을 해서는 안 된다.

8. 모든 사람은 자신에게 영향을 미치는 부동산 및 주택 정책에 참여할
   권리가 있다.

     우리는 희망을 변론한다

국가는 위에서 밝힌 권리의 실현을 위해 노력해야 한다. 우리는 모든 사람이 살 만한 집에 살 권리를 누릴 수 있도록 노력하지 않는 정부에 저항할 권리가 있음을 확인한다. 우리는 사람답게 살 권리를 빼앗는 현실에 저항하며 싸우는 것이 역사의 진보라고 믿는다. 또한 살 만한 집에 살 권리는 사람답게 살기 위한 다른 권리들과 분리될 수 없다는 점을 인식하며 더욱 많은 사람들과 함께 연대할 것이다. 우리에게는 인권이 실현되는 질서를 가질 권리가 있다.

2008년 10월 5일

# 3부 블루오션을 항해하는 변호사들

염형국 변호사

## 두 번의 만남으로
## 맺은 인연

아름다운재단 소속이었던 공감의 1호 변호사라고 하면 박원순 변호사와의 인연에 대해 궁금해 하는 사람들이 많은데, 사실 공익변호사가 되기 전 우리는 딱 두 번 만났을 뿐이다. 첫 만남은 사법연수원 강의에서였다. 박원순 변호사는 공익변호사라는 새로운 영역을 소개하며 '법조계의 블루오션'이라고 말했다. 호소력 있는 이야기였다. 하지만 그때만 해도 내가 그 길을 가게 될 거라고는 생각하지 못했다.

그 후 연수원 2년차가 되었을 때 진지하게 진로를 고민하기 시작했다. 어떤 일이 내 적성에 맞을까? 판사, 검사, 변호사에 대해 곰곰이 생각했다. 특히 그중 어떤 일을 해야 '의미 있는 일'이 될까 스스로에게 거듭 물었다. 쉽게 결론이 나지 않았다. 나는 선택의 기준부터 세우기로 했다.

첫째, 나 자신이 즐겁고 행복할 것.

둘째, 사회에 기여하는 보람된 일일 것.

셋째, 먹고 살 만큼은 벌 것.

기준이 생기고 나니 눈앞의 안개가 조금씩 걷히는 듯했다. 그때 박원순 변호사의 강연이 떠올랐다. 공익변호사. 이 길이야말로 위의 조건을 다 충족시켜 주지 않나?! 지난한 고민 끝에 시민단체에서 상근하는 변호사가 되자고 결론을 내렸다.

결심이 서자 먼저 가족에게 이야기했다.

"공익변호사? 그런 일을 직업으로 한다는 거냐?"

따로 돈을 벌면서 프로보노*로 인권 변론에 나서는 일은 많았지만 그런 일을 전업으로 하는 사람은 거의 없는 상황이었다. 평탄하거나 돈이 되는 일도 아니라는 것을 부모님도 아셨기에 처음에는 말리셨다. 아내도 반대를 했다. 하지만 나의 결심은 확고했다.(일단 결심이 서면 아무도 못 말리는 내 똥고집은 알 만한 사람은 다 안다.) 고맙게도 가족들은 나의 오랜 고민과 굳은 의지를 듣고 더는 만류하지 않고 허락해 주었다.


# 공감 1호
# 변호사가 되다

이제 본격적으로 길을 뚫어야 했다. 특별히 아는 시민단체가 없었던 터

---

★ '공익을 위하여'라는 뜻의 라틴어 'pro bono publico'의 줄임말이다. 원래의 의미는 전문적인 지식이나 서비스를 공익 차원에서 무료로 제공하는 것을 말하는데, 법조계에서는 경제적 여유가 없는 사회적 약자들에 대해 무보수로 변론이나 자문을 해주는 봉사활동이라는 뜻으로 쓰인다.



우리는 희망을 변론한다

라 변호사가 많다는 참여연대에 전화를 걸어 무턱대고 찾아갔다. 알고 보니 참여연대 소속 변호사들이 모두 상근하는 것은 아니고 대부분은 가외 시간에 자원 활동을 하고 있었다. 당시 참여연대에 상근하는 변호사는 한 명이었다. 참여연대에서는 내 뜻은 가상하지만 추가로 상근 변호사를 고용할 여력은 없다고 했다.

이제 어떡하나 막연하던 차에 다시 한 번 박원순 변호사가 떠올랐다. 당시 박원순 변호사가 상임이사로 있던 아름다운재단은 시민단체 활동을 하는 곳은 아니고 대중을 상대로 소액모금운동을 하는 단체였다. 그래도 일단 만나서 조언을 들어 보자는 생각에서 장문의 이메일을 보냈다.

연수원 특강 때 오셔서 많은 말씀들을 해 주셨지만, '공익변호사 영역이 여러분의 블루오션'이라는 말씀이 참으로 마음에 와 닿았습니다. 연수원 2년차가 된 지금, 연수원 수료 이후의 진로에 대해 많은 고민을 했습니다. 제가 내린 결론은 공익단체에서 일하는 변호사가 되고 싶다는 것입니다. (…) 어떠한 곳에서, 어떠한 일을 할 수 있을지, 변호사님께서 조언을 해 주시면 감사하겠습니다. 시간이 되시면 찾아뵙고 말씀을 들을 수 있을는지요.

얼마 후, 만나자는 답장이 왔다. 처음 아름다운재단을 찾아갔던 날의 기억은 지금도 잊히지 않는다. 무더운 여름날 버스를 타고 종로경찰서에서 내려 가회동 길을 따라 올라갔다. 멋진 소나무 가로수 길을 따라 한옥과 예쁜 가게들이 이어졌다. 이런 데서 일하면 참 좋겠다는 생각을 하며 걸었다.

박원순 변호사는 동네 아저씨처럼 친근하게 나를 맞았다. 강연을 들은 것 말고는 처음 만나는 자리였는데, 법조인의 특권의식이나 연장자의 권위의식을 전혀 찾아볼 수 없어 참 놀랐다. 대화는 가볍게 시작되었다. 나의 상황이 궁금했는지 몇 가지 인적사항을 물었다. 나는 공익변호사가 되고 싶은 이유를 말씀드렸다. 그러자 그리 오래 생각해 보지도 않고 대뜸 내게 물었다.

"아름다운재단에서 일해 보겠어요?"

나는 당연히 그러겠다고 대답했다. 조언을 얻고 싶어서 왔을 뿐인데, 갑자기 취직이 되어 어리둥절한 기분도 들었다. 하지만 원하는 일을 할 수 있게 되었다는 기쁨이 더 컸다. 그렇게 나의 공익변호사 생활이 시작되었다.

우연 같은 두 번의 만남은 굳은 인연이 되었다. 지나고 보니 필연이 아니었을까 하는 생각도 든다. 처음에는 박원순 변호사가 너무 쉽게 결정을 내려 놀랐는데, 알고 보니 아름다운재단에는 이미 '공익변호기금' 계획이 마련되어 있었다.

사법연수원 강의를 가서 이런 요지의 이야기를 했습니다.

"변호사가 돈 버는 것만 포기해 버리면 할 수 있는 좋은 일은 엄청나게 있다. 법률 전문가를 친구로 두지 못한 사람이 너무나 많기 때문이다."

나오는데 어떤 꺼벙하게 생긴 사법연수생 하나가 나를 따라 나왔습니다. 자신도 그런 삶을 살고 싶다는 것이었습니다. 사실 좋은 이야기를 하기는 했지만, 막상 이런 사법연수생을 정확히 어디다 어떻게 배치할지 아무 계획이 없어 당황했습니다. 나중에 찬찬히 생각해 보니 아름다운재단

　　　　　　　　　　　　　우리는 희망을 변론한다

이 이 친구의 최소한의 월급을 모금해서 감당해 주고 이 친구는 그 대신 전업으로 가난한 사람들과 소수자를 위해 변론을 하면 어떨까 하고 결론을 내렸어요.

그 연수생이 바로 염형국 변호사였답니다.

(원순닷컴 '원순씨 글 수레'에서)

그 특강 이후 박원순 변호사도 나름대로 전업 공익변호사의 시대를 준비하고 있었던 것이다. 여기서 재밌는 착각이 끼어들었다. 박원순 변호사는 그 '꺼벙하게 생긴' 연수생이 나였다고 기억하고 있지만, 사실은 그렇지 않다. 나는 그 정도로 숫기 있는 스타일은 아니다(조금 꺼벙하게 생긴 건 맞지만…). 어쩌면 공감이 만들어지는 데 박원순 변호사도 나도 모르는 누군가의 결정적 기여가 있었던 것 같다. 그 사람 덕분에 우연은 필연으로 탈바꿈했다.

그해 12월, 아름다운재단으로 첫 출근을 했다. 박원순 변호사가 혼자 멀뚱히 앉아 있는 나를 보더니 웃으며 묻는다.

"혼자 할 수 있겠어요?"

그러고는 바로 사법연수원에 공고를 내 세 명의 연수생을 선발했다. 결단력과 실행력이 대단한 분이다.

베란다를 개조한 사무실 공간에 빈 책상 네 개가 놓였다. '햇볕 하나는 기막히게 들겠군.' 다가올 봄이 무척이나 기다려졌다.

# 공감의 첫 사건
# 나의 첫 임무

이듬해인 2004년 1월, '공익변호사그룹 공감'이 출발했다. 열심히 첫 사업을 준비하고 있던 공감에 외부에서 의뢰가 들어왔다. 그렇게 해서 공익변호사로서 처음 하게 된 일은 2004년 2월에 있었던 부안 방사성폐기물처리장(방폐장) 주민투표 관리 업무였다. 당시 부안은 정부의 밀어붙이기식 방폐장 건립 결정으로 인해 주민들이 찬반으로 나뉘어 극렬한 싸움을 벌이고 있었다. 주민들은 해결의 실마리를 찾고자 방폐장 건립에 대한 찬반을 묻는 주민투표를 실시하기로 했다.

내게 주어진 임무는 방폐장 부지로 예정된 위도에 들어가 주민투표를 홍보하고 관리하는 일이었다. 명색이 변호사라고 나이도 많지 않은 내가 위도면 주민투표관리위원장을 맡게 되었다. 위도에 들어간 다음날부터 활동가들과 마을을 돌아다니며 주민투표 홍보 활동에 들어갔다. 주민투표일 전날까지 마을의 유지라고 할 수 있는 분들은 거의 다 만나 뵈며 주민투표를 알리고 이에 대한 이해를 구했다.

투표소는 우리가 숙소로 사용하던 진리면 마을회관이었다. 드디어 주민투표 당일. 잠까지 설치며 일찌감치 일어나 준비했다. 그런데 투표 시각인 6시에 맞춰 방폐장 유치를 찬성하는 사람들이 떼를 지어 투표장으로 몰려왔다. 그들은 내 멱살을 잡고 삿대질을 하며 무슨 권한으로 주민투표를 하느냐고 따졌다. 평소 무척 숫기 없는 내가 어디서 그런 용기가 났는지, 멱살을 잡힌 채 '당신네들은 무슨 권한으로 주민투표를 방해하느냐' '계속 방해하면 업무방해로 경찰에 고소하겠다'고 맞섰다. 직책이

투표 당일 오전 6시께, 위도발전협의회장 등 주민 100여 명이 투표소로 몰려와 투표인 명부와 투표함 등을 점거했다. 결국 위도면에서의 주민투표는 무산되었지만, 다른 지역에서는 순조롭게 진행되었고, 총 투표율은 72퍼센트에 달했다.

사람을 만든다는 말을 실감할 수 있었다.

한편으로는 이런 현실이 눈물 나도록 슬프다는 생각이 들었다. 왜 우리는 작은 섬의 마을회관 앞에서 멱살잡이를 하고 눈을 부라리며 싸워야 할까. 이런 식으로 싸우고 나면, 방폐장이 들어서든 그러지 않든 주민들은 앞으로 꽤 오랫동안 서로를 외면하며 살아가게 될 터였다. 그렇잖아도 힘들고 외로운 어촌 삶이 더욱 팍팍해질 텐데….

결국 위도에서는 주민투표를 할 수 없었다. 찬성 측 사람들이 투표장을 점거했기 때문이다. 방폐장 유치를 반대하던 '위도 지킴이' 측은 공권력을 동원해서라도 그들을 몰아내고 투표를 강행하자고 주장했다. 하지만 내부 논의 끝에 그냥 점거당한 상태로 오후 6시에 투표를 마무리했다.

위도를 제외한 다른 곳에서는 순조롭게 주민투표가 진행되었고, 절대다수가 방폐장 유치를 반대했다. 72퍼센트의 투표율을 기록했고, 그중 반대표가 92퍼센트에 달했다. 주민들의 집단적 의견이 객관적 결과로 드러나자 정부도 더는 강행할 수 없었다. 부안 방폐장 건립 계획은 결국 무산되었다. 이와 같이 시민들이 자발적으로 나서서 국가 정책에 대한 찬반을 묻는 주민투표를 성사시킨 것은 전무후무한 일이었다. 1995년부터 시작된 우리나라 지방자치 역사에 남을 커다란 성과이자 민주주의의 발전을 의미하는 일이었다.

당시 위도에서 주민들이 끝까지 대치하지 않도록 노력한 일에 대해서는 위도 지킴이 분들도 나중에 고마워 했다.

# '어쩌다 보니'
# 장애인 전문 변호사

부안에서 돌아온 후 본격적으로 변호사 파견 사업을 진행했다. 법률 지원을 신청한 곳 가운데 장애인단체, 이주노동자단체, 성매매여성단체, 사회복지기관 등 11개 단체에 지원을 나가기로 했다.

네 명의 변호사가 각각 어느 단체로 파견 나갈지 결정할 시간. 가장 맏형이던 김영수 변호사가 '본부'에서 총괄업무를 담당하면서 동시에 사회복지기관 상담을 맡았다. 나머지 세 명은 영역 하나씩을 맡아 관련 단체에 가기로 했다. 소라미 변호사가 여성단체로 가는 것에 아무도 이의가 없었다. 나보다 연장자인 정정훈 변호사가 이주노동자 영역을 맡겠다고 나섰다. 나는 자연스럽게 남은 영역인 장애인단체를 맡게 되었다.

가끔 '어쩌다 장애인 인권운동에 뛰어들게 되었냐'는 질문을 받는다. 묻는 사람들은 내게 어떤 특별한 계기가 있었다거나, 가까운 사람 중에 장애인이 있을 거라 예상한다. 실망시켜 아쉽지만, 사실 처음 시작은 이처럼 우연에 가까웠다. 하지만 공감에서 일하며 장애인 담당이 된 것을

   우리는 희망을 변론한다

후회하거나 아쉬워한 적은 정말 단 한 번도 없다. 오히려 행운이 아닐까 생각한다. 이 일을 하며 '더불어 산다'는 것이 무엇인지 진심으로 깨달았기 때문이다.

솔직히 말하면, 나는 공익 활동을 하며 대의명분과 사명감을 강조하는 사람들을 그리 신뢰하지 않는다. 거창한 명분에 매달려 일하다 보면 한계에 부딪히기 마련이고 오래 가기도 힘들다. 오히려 '좋은 사람들과 어울려 어찌어찌하다 보니 오래 이런 일을 하게 되었다'는 말에 더 진실성이 느껴지고 마음이 간다. 나도 그랬으니까. 사람들과 쌓은 인연 혹은 정 때문에 들어오는 일을 쉬이 거절하지 못하다 보니 계속 이 분야를 다루게 되고, 그들을 돕고 싶으니까 이기기 위해 더 파고들 수밖에 없었다. 그렇게 어느새 10년이 훌쩍 지나고 있다.

## 자신감 가지고 일하되, 낮은 자세로 귀 기울이자

공감 초기 2년 동안은 직접 파견단체로 출근했다. 나는 일주일이면 장애우권익문제연구소와 교남소망의집에 각각 3일, 그리고 성매매여성단체 한 군데에 하루씩 나갔다. 단체에서는 주로 입법안 작업이나 장애인차별금지법 검토, 민·형사소송 지원 업무를 의뢰했다.

출발은 결코 만만치 않았다. 내가 가진 법률 지식이라곤 사법시험 준비하며 공부하거나 사법연수원에서 배운 게 전부였고, 경험이라곤 자원 활동으로 YMCA 시민중계실에서 소비자상담을 잠시 해 본 것이 다였다. 막상 온갖 실제 사건에 대한 상담과 소송 업무에 맞닥뜨리자 쩔쩔맬 수밖에 없었다. 이때 두 가지 원칙을 세웠다.

첫째, 자신감을 가지고 일하자.

둘째, 교만하지 말고 낮은 자세로 그들의 목소리에 귀 기울이자.

나는 비록 새내기 변호사지만 단체 활동가와 의뢰인에게는 자신을 법률적으로 지원해 줄 전문가였다. 겁이 나도 겁을 낼 수 없었고, 몰라도 모른다고 하기 어려웠다. 그러나 또 한편으로는, 아무리 전문가로 대접받는다 하더라도 나는 경험도 실력도 부족한 1년차 변호사에 불과했다. 모르면서 아는 척하고 배우려는 자세 없이 변호사랍시고 대접받기를 바라서는 아무 일도 해결할 수 없었다.

당시 나의 하루는 숨 가쁘게 돌아갔다. 사무실에서는 법전을 붙잡고 짧은 지식으로나마 법률 상담을 하고, 의견서를 작성하고, 소장과 고발장을 쓰고 급기야 입법안도 만들었다. 현장으로도 나갔다. 집회가 있으면 쫓아다녔고, 장애인단체와 거의 함께 움직였다. 아무 것도 모르던 나는 파견 나간 단체에서 많은 것을 느끼고 배울 수 있었다.

장애인들과 함께 일하는 것도 처음이었다. 나는 그들과 함께 점심도 만들어 먹고, 식당에도 갔다. 식당 현관의 야트막한 문턱이 이렇게 큰 장애물이 되리라고는 예전에는 미처 상상하지 못했다. 장애인이라고 식당 주인이 문전박대할 때면 울컥 화가 치밀기도 했다. 이렇게 함께하는 시간이 늘다 보니 처음엔 전혀 알아들을 수 없었던 뇌병변 장애인의 말도 조금씩 알아듣게 되었다. 처음에는 어색하던 뒤풀이에도 꼬박꼬박 나가게 되었다. 그들은 언제나 나를 반갑게 맞아 주고 챙겨 주었고, 나도 그들과 친해지고 하나라도 더 배우려고 노력했다. 매일 매일이 새롭고 진귀한 경험이었다.

# 인권 감수성을
# 깨우쳐 준 사람들

지금에서야 자의 반 타의 반으로 장애계 '공식 지정(?)' 변호사가 되었지만, 공감에서 일하기 전까지는 장애인을 직접 만나 본 일도 손에 꼽을 정도였다. 그러다 장애인을 위한 소송을 진행하고, 고발장을 작성하고, 입법안까지 마련하게 되었다. 그런데 막상 그들을 제대로 이해하기 시작한 계기는 따로 있었던 것 같다.

2004년 가을, 장애체험 행사에 참여한 때였다. 안대로 눈을 가리고 안내자의 인도에 따라 인사동 초입부터 종각 사거리까지 가서, 은행 현금인출기에서 아무 종이라도 출력해 다시 돌아오는 것이 과제였다. 온통 컴컴해진 세상으로 한 걸음 내딛기조차 두렵고 힘들었다. 수많은 사람과 입간판, 가게 앞에 쌓인 물건들, 울퉁불퉁한 보도블록과 불쑥불쑥 나타나는 턱이 모두 나를 위협했다. 비지땀을 흘리며 우여곡절 끝에 은행에 도착했다. 평소 5분이면 충분할 거리였지만 30분 가까이 걸렸다. 그런데 현금 인출은 고사하고 종이 한 장 뽑기가 하늘의 별따기 만큼이나 힘들었다. 미션을 마치고 나니 다리가 후들거리고 몹시 지쳤다. 앞이 보이고 사지가 튼튼한 사람에게는 아무 것도 아닌 일이 누군가에게는 목숨을 내건 위험한 일이 될 수 있겠구나 싶었다. 피상적으로만 생각했던 장애인의 삶이 비로소 피부에, 그리고 가슴에 와 닿았다.

나아가 내게 '인권 감수성'이라는 것을 일깨워 준 사람들이 있다. 처음 파견 나간 단체로 인연을 맺었던 장애우권익문제연구소에서 만난 박옥순, 박숙경, 임소연, 김정하, 여준민이다(지금은 연구소를 나와서 '장애와 인권

발바닥행동'이라는 새로운 단체를 만들었다). 그들을 만나지 않았다면 나는 장애와 우리 사회의 소수자 문제에 지금만큼 애정과 관심을 갖지 못했을 것이다. 그들과 함께 일하면서 시설에서 평생을 살고 있는 장애인도 우리와 똑같이 울고 웃는 사람이고, 우리와 똑같은 인권을 누려야 할 주체임을 머리로만이 아닌 온몸으로 느낄 수 있었다.

그들은 국가인권위원회에서, 광화문에서, 여의도에서, 시청 앞에서 농성을 한다. 수시로 기자회견과 집회를 갖고, 가끔씩 도로와 국가기관 사무실을 점거하기도 한다. 숱하게 경찰서로 연행되고, 벌금형과 집행유예를 받기도 한다. 어떻게 장애인 당사자가 아닌데도 장애인 문제를 자기 문제처럼 여기면서 그토록 진심으로 싸울 수 있을까? 개인의 안락을 생각한다면 절대로 할 수 없는 일이다. 어려움에 처한 이들의 문제를 자신의 문제, 우리 모두의 문제로 느끼는 인권 감수성이 그들을 움직이는 것이다. 그래서 참 존경스럽고, 그들을 보며 나 자신을 반성하게 된다.


## 거창한 대의보다
## '사람'과 함께하는 즐거움

공감에서 일한 지 10년째, 법을 발판으로 공익과 인권의 가치를 실현하고자 노력해 왔다. 우리 사회의 약자와 소수자와 함께한다는 것은 모두를 위한 희망을 그리는 일이었다. 그 과정에서 개별 소송을 통해 권리를 구제하는 일도 보람이었고, 법을 바꾸거나 새로 마련하며 제도를 개선해 나가는 것도 큰 의미가 있었다. 그러나 공감에서 이렇게 오래 일할 수 있었던 원동력이 무엇이냐고 묻는다면 나는 주저하지 않고 '사람'이라고 답

민주통합당 김한길·최원식 의원이 2013년 2월 각각 발의했던 차
별금지법안을 일부 기독교단체의 강한 반발에 부딪혀 철회하기
로 한 데 대해 차별금지법제정연대가 이를 규탄하고 조속한 제정
을 촉구하는 기자회견을 열었다. 공감도 차별금지법제정연대와
함께하고 있다. 사진은 기자회견에 참석해 구호를 외치고 있는 염
형국 변호사(오른쪽).

할 것이다.

여기에는 나와 같은 공간에서 일해 온 사무실 동료, 함께 활동해 온 활동가와 학자, 법조인, 수많은 자원활동가, 그리고 무엇보다 공감과 서로 내민 손을 맞잡은 사회의 약자 및 소수자가 있다. 이들에게서 많은 가르침을 얻었고, 그들과 함께 웃고 울고 분노하고 기뻐하고 나누고 연대했다. 인권, 정의, 공익, 복지와 같은 대의를 좇아 공감이라는 곳에 흘러들었지만, 나를 이곳에 머물게 한 것은 그런 거창한 대의가 아니었다. 따지고 보면 거창한 대의조차 그 출발과 종착점은 '사람'일 수밖에 없다. '함께 한다'는 것 이상으로 나를 지탱해 주는 의미를 찾기 어렵다.

우리 집의 가훈은 "위하여 살라"이다. 아버지는 나와 동생이 어렸을 때부터 늘 "우리 가족만이 아닌 다른 사람들을 위해 사는 길이 결국 우리 모두를 위하는 길"이라는 말씀을 많이 하셨다. 사정이 어려운 친척 조카들을 우리 집에 거두어 키우고, 마을을 돕는 여러 일에 적극 나서는 등 당신의 지론을 몸소 실천에 옮기셨다. 그러한 영향을 받아서인지 나 역시 중고등학교 시절부터 우리 모두는 촘촘히 연결되어 있고, 나만 잘 먹고 잘 산다고 해서 그것이 행복이 아니라는 생각이 몸에 밴 것 같다.

처음에는 반대가 있었지만, 이제는 가족이 가장 든든한 지원군이다. 부나 특권을 누리게 해 주지는 못하지만, 가족들에게도 내가 하는 일이 더 긍정적인 영향을 미치고 있다고 생각한다. 내게는 아이가 셋이나 있지만, 생계를 위협받은 적은 없다. 한 달에 200만 원을 못 버는 개업 변호사가 생겨나는 시대에 공익변호사는 오히려 전문 영역으로서 더 안정적인 측면이 있다. 자기만족에 함몰되지 않으면서 즐거움을 찾는다면 어떤 법조인보다 더 높은 삶의 질을 누릴 수 있다.

　우리는 희망을 변론한다

지금도 공감과 인연을 맺은 후배들이 조언을 구해 오면 "네가 가고 싶은 길을 가라"고 말해 준다. 부모님이 원하고, 아내가 원하고, 가족들이 원하는 길은 실은 자기가 원하는 길이 아닐 수 있다. 가족들은 행복한데 본인은 불행할 수 있고, 사회적으로 인정받는다 해도 정작 자신은 공허할 수 있다. 많은 젊은이들이 진로 때문에 힘들어하는 것은 로스쿨, 의학전문대학원, 대기업, 언론사 등 사회에서 알아주는 곳, 돈 많이 벌 수 있는 곳, 모든 이들이 가려는 길로 꾸역꾸역 가려 하기 때문이 아닐까.

## 우리는 모두 연결된 존재

도처에 우리 마음을 불편하게 하는 인권 문제가 도사리고 있다. 들쑤시지 않고 사는 게 속 편하다고 생각할 수도 있다. 하지만 우리는 자신은 물론 타인에 대해서도 쉽게 체념하거나 포기해서는 안 된다. 자연과 더불어 모두가 세상의 한 부분이고 서로 연결된 존재이기 때문이다. 타인의 고통에 눈 감는 것은 자기 스스로를 외부 공간으로 추방하는 일이나 마찬가지다. 인권의 문제를 고립된 개인 차원에서 논하는 것은 의미가 없다.

우리나라의 장애인 열 명 가운데 일곱 명은 사고나 질병 등 후천적 원인으로 장애를 갖게 되었다. 가계부채가 위험 수위에 이른 데다 정리해고가 일상화된 요즘 운 나쁘면 누구나 거리에 나앉을 수 있다. 가족마다 한 명 이상은 비정규직이고, 내 자녀가 성소수자일 수 있고, 우리도 외국에 나가면 모두 유색인종이요 이주노동자다. '그들'의 문제는 결국 우리 모두의 문제이다.

누구나 살면서 잊히지 않는 하나의 의미가 되고 싶다. 복지시설에 갇혀 10년간 한 번도 바깥세상에 나가지 못한 장애인도, 공장에서 먼지를 뒤집어쓰며 12시간씩 일하는 이주노동자도, 최저임금도 못 받고 학교 건물을 쓸고 닦는 청소원 아주머니도, 한겨울에 서울역 바닥에서 잠을 청하는 노숙자도⋯ 아무도 돌아보지 않는 존재로 남고 싶은 사람은 어디에도 없다. 우리가 원하는 것은 그들도 원하는 것이고, 내가 싫어하는 것은 모두 싫어한다. 이 당연한 사실에 대한 '공감'이 나를 여기까지 이끌었다. 더 많은 사람들과 이러한 공감을 나눌 수 있도록 지금까지처럼 한 걸음 한 걸음 나아가고 싶다.



우리는 희망을 변론한다

소라미 변호사

# 현장으로,
# 공감 출발!

"우리가 들어야 할 것은 정보가 아니라 누군가의 소리이며, 소리는 앉아서 듣는 것이 아니라 소리 나는 곳으로 달려가야 한다."

나를 포함한 공감 동료들이 참 좋아하는 신영복 선생의 글귀다. 공감의 대표적 사업인 '변호사 파견 사업'의 핵심이 고스란히 녹아나는 문구이기도 하다.

우리의 첫 사업이기도 했던 파견 사업은 말 그대로 인권단체, 시민사회단체, 사회복지단체가 있는 현장으로 변호사를 파견해 법률적 도움을 주는 일이었다. 그동안 뜻있는 변호사들이 자문 변호사, 공동변호인단 등의 활동을 통해 인권 현장과 함께하려고 노력해 왔지만 미처 손길이 닿지 않았던 더 열악한 현장으로 나가자는 취지였다. 이미 변호사와 연결되어 있다 하더라도 더 긴밀하고 상시적으로 단체 활동과 결합할 수 있는 '현장의 변호사'가 필요하다고 보았다.

2004년 2월 파견 사업 공지를 내보내고 한 달간 신청을 받았다. 새내기 변호사로만 구성된 낯선 공감에 얼마나 많은 단체가 신청해 줄지 꽤 마음 졸이며 기다렸다. 마감 결과 총 24개의 단체가 지원했다. 나쁘지 않은 성적이었다. 분야도 형태도 다양한 시민사회단체들이 문을 두드렸다. 시민사회단체 대표와 법조인으로 구성된 외부 심사위원단이 심사를 맡았다. 신청 사업이 소수자와 사회적 약자를 위한 것인지, 개인의 권리구제에 그치는 것은 아닌지, 이미 연계된 변호사가 있는지, 법률 사업으로서 적합한지 등을 중점적으로 살폈다. 그 결과 공감 변호사가 파견 나갈 11곳의 단체가 선정되었다.

외국인이주노동자대책협의회, 아사아의친구들, 한국이주여성인권센터, 교남소망의집, 장애우권익문제연구소, 전북성매매여성현장상담센터, 자립지지공동체, 다시함께상담센터, 노숙인다시서기지원센터, 한솔종합사회복지관, 청소년보호종합지원센터.

평소 여성 인권에 관심이 많았던 나는 여성단체 세 군데를 담당하기로 했다. 2004년 3월 중순부터 9월 중순까지 6개월 동안 첫 파견 근무가 진행되었다.

# '탕치기' 변호사로
# 소문나다

2004년 4월 첫째 주, 파견 변호사로서 일주일의 일과는 이렇게 채워졌다.

　　　　　　　　　　　　　　우리는 희망을 변론한다

월요일과 목요일에는 성매매여성을 지원하는 다시함께상담센터로, 화요일에는 전주에 있는 전북성매매여성현장상담센터로, 수요일에는 결혼이주여성을 지원하는 한국이주여성인권센터로 가서 일했다.

한국이주여성인권센터에서는 결혼이주여성을 상대로 법률 상담을 하고 활동가들과 함께 법률 매뉴얼을 만들었다. 상담하러 온 이주여성 대부분은 한국인 남편의 가정폭력과 경제적 무능력 때문에 힘들어했다. 그들은 절박한 심정으로 이혼 후 한국에서 계속 살 수 있는지, 아이를 본인이 직접 키울 수 있는지 물었다. '법 실정으로는 한국 사람하고 이혼하고 한국에서 계속 살기란 어렵다. 게다가 아이를 데려와 키우기란 낙타가 바늘을 통과하는 것만큼 어렵다'는 내용의 답변을 해 줄 수밖에 없었다. 많은 여성들은 별 수 없이 가정폭력의 현장으로 되돌아갔다. 이때 느낀 안타까움은 보다 근본적인 법 제도 개선에 대한 고민으로 이어졌다.

다시함께상담센터와 전북성매매여성현장상담센터에서는 정신이 없을 정도로 일이 많았다. 2004년 3월 성매매특별법이 통과된 직후여서 실정법적 테두리 안에서 변호사와 함께 해결해야 할 일이 잔뜩 생겼다. 선불금 사기로 고소당한 성매매피해여성 지원하기, 업주를 성매매 알선 강요로 고소하기, 선불금 지급 청구소송 지원하기…. 기본적인 법률 조력을 받지 못해 성매매피해여성이 역으로 억울하게 형사처벌을 받고, 선불금 때문에 없는 재산까지 압류당하는 상황이다 보니 생초짜 변호사인데도 할 일이 넘쳐났던 것이다.

'탕치기' 전문 변호사로 오해받기도 했다. 탕치기란 애초에 일할 의사도 없으면서 유흥업소 업주에게 선불금을 지급받은 후 업소에서 도망 나오는 식으로 사기 치는 것을 일컫는 속된 표현이다. 어느 날 파견 나간 단체의 활동가가 미간을 찌푸리며 푸념했다.

"변호사님, 요즘 유흥업소와 여성들 사이에서 우리 센터가 탕치기를 도와주는 곳이라고 소문났대요."

나는 그 말이 반가웠다. 성매매피해여성들은 업소에서 당한 부당한 처우와 불법적인 행태에 대해 하소연할 곳이 없다. 우리 사회 구성원 그 누구도 자신을 곱게 보지 않는다는 사실을 스스로가 너무 잘 알고 있기 때문이다. 손님에게 받은 테이블 팁과 화대를 업주에게 가로채여도, 술에 취한 손님에게 맞아서 얼굴이 부어올라도, 의상업자에게 홀에서 입을 옷을 사면서 터무니없이 바가지를 써도, 사채업자에게 말도 안 되는 고리의 이자를 뜯겨도…. 하소연해 봤자 "그러게 누가 그런 데서 일하래?"라는 퉁명스런 대꾸가 돌아올 것이 뻔하다. 그런 이들에게 비빌 언덕 혹은 하소연할 곳이 생긴 것 아닌가.

## 현장에서 만난 수많은 스승들

단체로 파견 나가 있는 동안은 하루하루가 긴장의 연속이었다. 변호사 자격증이 있긴 했지만 그때까지 배운 것이라고는 사법시험 과목인 헌법, 민법, 형법 등 기본법이 다였고, 그마저도 책으로 공부한 것에 불과했다. 지원 나간 단체에서는 파견 변호사가 모든 사례와 제도적인 문제점에 대해서 해답을 줄 것으로 기대했다. 단체의 기대에 부응하고픈 욕구와 미진한 법 지식 사이에서 혼자 맘고생을 많이 했다. 어쩌겠는가. 모르는 것은 모른다고 인정하는 수밖에.

현장에서 일하는 단체 활동가들에게 무엇이 문제인지 물어서 듣고 난 후 법적인 문제점과 개선방안은 스스로 공부해 나가는 수밖에 없었다. 이런 영역에서는 조언을 구할 선배 변호사마저 거의 없었다. 다른 동료들도 마찬가지 상황에 처해 있었다. 결국 우리에게 인권 현장의 목소리를 들려주고 문제의 핵심을 파악하도록 길 안내를 해 준 것은 단체의 활동가들이었다. 우리가 가서 도움을 주겠다는 것은 오만이었다. 현장에서 배우고 깨우친 것은 오히려 공감 변호사들이었다. 그곳에서 공감은 수많은 스승을 만났고 동시에 함께 고민하고 행동하는 든든한 파트너를 얻었다.

이주여성 인권활동가인 김민정 선생은 내게 소중한 멘토가 되어 주었다. 우리의 인연은 2004년 11월부터 진행된 제2차 변호사 파견 사업 때 시작되었다. 당시 김민정 선생이 일하고 있었던 안양 소재의 이주여성쉼터에서는 국내에 살고 있는 이주여성들에게 필요한 법률 지원, 의료 지원, 귀국 지원 활동을 벌이고 있었다. 김민정 선생은 국제결혼 중개업체에 대한 법률적 규제에 대해서도 관심이 많았다. 난립하던 업체들의 횡포로 피해 입은 이주여성과 국내 남성의 사례가 많았기 때문이다.

나는 정기적으로 쉼터에 나가서 다양한 국적의 이주여성들과 면접 상담을 진행했고 필요한 경우에는 소송을 지원했다. 상담을 할수록 우리는 국제결혼을 알선하는 중개업체의 문제에 대해 주목하게 되었다. 국제결혼이 성매매여성을 유입하는 창구로 악용되는 사례를 접하기도 했다. 현장에서 발생하는 다양한 이주여성 인권 침해 사안을 함께 고민하고 대안을 모색할 사람이 더 많이 필요했다. 이를 위해 활동가, 연구자, 변호사가 함께 머리를 맞댄 '이주여성인권포럼'을 처음 제안한 것도 바로 김민정 선생이었다.

2005년 5월 이주여성인권포럼 첫 모임이 이뤄졌다. 단체별 사례를 공유하고 해결책을 찾기 위해 머리를 맞대는 데서부터 시작했고, 자연스레 제도 개선 방안으로 고민이 확대되었다. 이에 필요한 실태조사, 국내외 문헌조사와 해외 입법정책 연구도 함께했다. 이제 막 현장에 발을 들인 초짜 변호사로서 개인적으로도 고민거리가 많은 시기였다. 그런 때에 포럼은 고민을 나눌 사람들과 만날 수 있는 보물창고 같은 공간이었다.

2005년에 포럼에서 팀을 꾸려 국제결혼 중개 시스템 조사를 위해 베트남과 필리핀으로 현지조사를 다녀왔다. 날것 그대로 맞닥뜨린 현지 실태에 혼란스러웠다. 김민정 선생은 그런 나를 더욱 현장으로 몰아갔다. 하나라도 더 봐야 한다고, 그래야 이주여성의 편에서 제대로 말할 수 있는 변호사로 설 수 있다고. 그녀의 욕심이자 배려였다. 말로만 듣던 '문제적' 국제결혼 중개 현장을 보고 현지의 목소리를 들으며 우리는 함께 울고 웃고 분노하고 공감했다. 그 시간은 이후로도 줄곧 이주여성을 위한 활동을 하는 데 큰 자산이 되었다.

## '법률 활동가'로 거듭나기

파견 사업은 2004년에서 2006년까지 다섯 차례 진행되었고, 총 54개의 단체와 공동으로 법률 사업을 펼쳤다. 덕분에 공감은 인권 현장의 문제를 체득할 수 있었고, 소수자 인권 영역에서 전문성까지 인정받는 과분한 성과를 거두었다. 3년간 진행된 파견 사업의 가장 의미 있는 성과는 공감이 현장 단체로부터 신뢰를 얻기 시작했다는 점이다. 첫 파견부터 함께해 온



우리는 희망을 변론한다

위/ 2004년 처음으로 파견 나가 인연을 맺은 단체인 한국이주여
성인권센터 식구들과 찍은 사진(왼쪽이 소라미 변호사).
아래/ 이주여성인권포럼 사람들과 함께 국제결혼 중개 시스템 실
태 파악을 위해 베트남과 필리핀으로 현지조사를 다녀왔다(오른
쪽에서 첫 번째가 소라미 변호사, 두 번째가 김민정 선생).

장애우권익문제연구소는 공감의 파견 사업에 대해 이렇게 평가했다.

"현장에서 상근하는 만큼, 문제에 대한 이해가 깊고 빠르며, 활동가와 법률가라는 생각의 벽이 없고, '법률 활동가'로서의 역할을 충실히 했다."

파견 나갔던 이주, 장애, 여성, 빈곤과 복지 영역은 자연스럽게 공감의 주력 활동 영역으로 자리 잡았다. 파견이 끝난 후에도 언제든 담당 변호사에게 연락하고 자문을 구할 수 있도록 해서 단체와 상시적인 네트워크를 형성했다.

공감의 대표 사업인 파견 사업을 통해 잘 드러나듯 공감의 주된 의뢰인은 공익·인권단체다. 공감에 공익소송을 의뢰하고 제도 개선 활동을 제안하는 이들이 공감과의 관계에서 갑(甲)이다. 그렇기 때문에 단체로부터 좋은 평판을 받고 한결같은 신뢰 관계를 유지하는 일은 공감의 존속을 좌우하는 중요한 문제다.

"장애 인권을 위해 헌신적으로 활동해 온 장애인단체도 때로는 장애인 당사자로부터 때로는 함께하는 단체로부터 욕을 먹는데 어째서 공감을 욕하는 사람은 없는 것일까?"

20여 년간 장애인 인권 현장을 지켜 온 활동가가 공감에 던진 애정 어린 불만이다. 다행히 아직까지는 현장 단체와의 신뢰 관계에 별 탈이 없다는 뜻으로 받아들였다.

공감이 현장 활동가를 갑으로 모시는 진정한 이유는 그들의 헌신과 열정에 절로 고개가 숙여지기 때문이다. 열악한 현장에서 오랜 세월 변치 않는 열정으로 일하는 사람 냄새 그득한 활동가를 만나면 두근두근 가슴이 설렌다. 공감은 그들과 현장에서 함께할 수 있어 진정 행복하다. 자연스레 현장 활동가들의 이야기를 경청하고 어떻게든 법과 제도에 담아내려 노력하게 된다. 나아가 공감 스스로 '법률 활동가'의 위상을 자처하기도 한다. 법률가와 활동가를 결합한 법률 활동가라는 명칭은 '법과 제도가 다수의 의견 또는 형식적인 법 논리에서 벗어나 소수자의 인권을 살필 수 있어야 한다'는 지향을 담고 있다.

## 냉소와 불신을 넘어
## 환대와 연대로

'법'을 사회 변화의 도구로 삼겠다는 공감의 미션을 순진하게 여긴 사람들도 많았다. 이 문제로 첫 파견을 나간 단체에서 활동가와 논쟁을 벌인 적이 있었다. 나는 단체에서 지원하는 형사재판의 법률 자문을 맡고 있었는데, 활동가는 이 사건을 담당하는 재판부가 편파적이라고 비판했다. 성매매 강요 및 알선으로 기소된 업주가 선임한 변호사는 고위 법관 출신으로 고액의 수임료를 받은 것 같고, 정황상 업주가 변호사를 통해 판사에게 편법적인 영향력을 행사한 것 같다고 흥분했다. 나는 합리적인 근거도 없이 재판부와 사법절차를 의심하는 것이 사건 지원에 어떤 도움이 되느냐고 반박했다. 내게 돌아온 것은 팔은 안으로 굽는다는 비아냥이었다. 그 말을 듣고 내 얼굴이 꽤 붉어졌던 것으로 기억한다.

그로부터 꽤 오랜 시간이 지났다. 그사이 몇 차례의 사법 비리 사건이 언론에 대대적으로 보도되었다. 다단계 사기범으로부터 수억 원의 뇌물을 수수한 혐의로 구속 기소된 현직 검사 사건, 담당 사건의 여성 피의자를 성폭행한 초임 검사 사건 등에 온 국민이 공분했다. 지금의 나는 그때처럼 의협심 넘치는 마음으로 사법 시스템과 그 안에서 일하는 사람들이 공정하고 투명하다고 항변할 수 있을지 생각해 본다.

처음 현장에 파견 나갔을 때 변호사에 대한 불신과 냉소를 많이 겪었다. 특히 활동 초기, 현장 단체와 신뢰 관계가 미처 쌓이지 않았을 때 더욱 심했다. 인권을 위해 일하겠다고 말하지만 실제는 '인권 활동을 경력으로 이용하려는 거 아니냐'는 의구심 깃든 눈빛이었다. 대놓고 말은 하지 않으면서 그저 싸늘한 눈초리로 바라보는 것을 견디기 어려웠다. 할 수만 있다면 속을 뒤집어 내보이고 싶었다. 우리의 선의를 이해해 주지 않는 것이 서운했다. 그렇지만 믿어 달라고 말한들 없는 신뢰가 쌓이겠는가. 결국 변치 않는 활동으로 보여 주는 수밖에 없었다. 싸늘한 냉소가 무한 신뢰로 변할 때까지 견뎌 보자! 2~3년이 흐른 후, 냉랭하기만 하던 활동가가 따뜻한 눈길로 환대해 주었을 때의 기분은 말할 수 없이 좋았다. 인권활동가의 칭찬은 공감 변호사들을 춤추게 한다.


## 현장과 변호사 잇는
## '중매쟁이' 역할까지

신청하지도 않았는데 공감이 먼저 단체의 문을 두드리고 '파견 나가도 괜찮겠냐'고 묻기도 했다. 중앙아동보호전문기관으로 나갔던 변호사 파견이 그랬다. 2006년 5차 파견 사업 당시 중앙아동보호전문기관은 공감에 변호사 파견을 신청한 바 없었다. 공감 자체적으로 아동 인권의 취약한 상황에 주목했고, 아동 인권을 지원하는 현장 단체를 찾던 중 보건복지부로부터 위탁받아 아동복지법상의 아동보호 지원체계를 맡고 있었던 그곳이 눈에 띄었다. 인터넷으로 연락처를 검색해 단체장과 만나고 싶

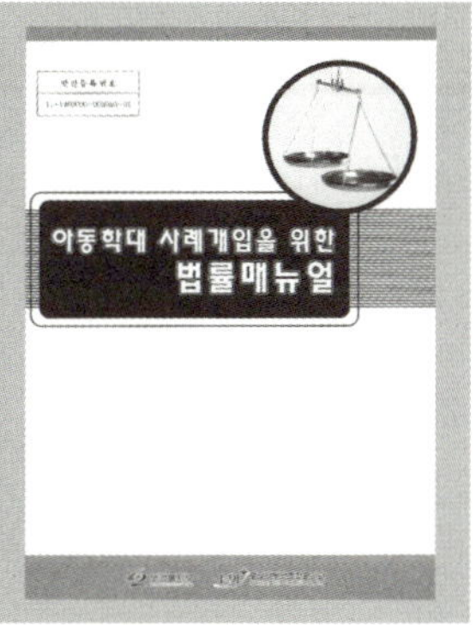


왼쪽/ 아동학대 법률 매뉴얼 발간을 위한 태스크포스 회의에 참석한 소라미 변호사(왼쪽).
오른쪽/ 국내 최초의 아동학대 법률 매뉴얼로, 법적 개입이 필요한 아동학대 사건에 길잡이 역할을
하도록 구성했다.

다고 연락했다. 면담 자리에서 공감의 파견 사업 취지를 설명하고 함께할
수 있는 법률 사업이 있을지 물었더니 전국의 아동보호전문기관에서 발
생하는 사례에 대해 법률 자문을 해 주면 좋겠다고 제안해 왔다.

정기적으로 전국에서 수집된 아동복지 사례에 대해 자문을 진행했다.
한두 달 일해 보니 좀 더 체계화시키면 좋겠다는 욕심이 생겼다. 연륜 있
는 몇 개 지역의 상담팀장들과 함께 아동학대 법률 매뉴얼 제작을 위한
태스크포스 회의를 기획해서 주요 사례와 그에 대한 법률 자문 내용을
정리해 나갔다. 이를 바탕으로 『아동학대 사례 개입을 위한 법률 매뉴얼』
을 발간했고, 이후 전국의 아동보호전문기관 종사자를 대상으로 법률 교
육을 진행했다.

열 명도 안 되는 공감 변호사들이 소수자 인권 문제를 모두 다루는 데
에는 한계가 있기에 공감은 활동 초기부터 일반 변호사들이 참여할 수
있는 공익 활동 프로그램 개발과 중개를 중요한 사업으로 삼았다. 아동보

호전문기관에 대한 법률 지원 사업을 책임지고 맡아 진행할 수 있는 로펌을 찾았다. 꽤 규모가 큰 로펌에서 관심을 보여 협약을 진행했다. 공감이 중간에서 코디네이터 역할을 했고, 이는 공감의 첫 번째 '공익 활동 중개 사업'이 되었다. 변협 내 노인법률지원단을 구성해 노인보호전문기관을 도울 수 있도록 했고, 민변 내 이주여성법률지원단을 구성해 한국이주여성인권센터에서 정기적으로 법률 상담을 하도록 연계한 일 등이 동일한 과정으로 결실을 맺었다.

## 다시 초심으로, 변호사를 파견합니다!

2013년, 공감이 활동을 시작한 지 어느덧 10년이 되었다. 그 사이 공감에서 일하는 변호사의 숫자도 4명에서 7명으로 거의 배가 되었다. 로스쿨을 갓 졸업한 신입 변호사도 새롭게 합류했다. 또한 장애, 이주, 여성, 빈곤과 복지에서 시작한 활동 영역은 난민, 국제인권, 주거권, 성소수자, 취약노동으로 확대되었다.

파견 사업을 통해 현장 단체와 신뢰 관계를 형성한 공감은 최근에는 파견 방식보다는 상시적인 네트워크를 운영하는 방식으로 활동을 펼쳐 왔다. 10년을 맞으며 공감은 특별한 결심을 했다. 다시 현장으로 파견 나가기로 한 것. 구체적인 외침을 들을 수 있는 인권 현장에서 함께하겠다는 초심으로 돌아가자는 취지다. 공감이 10년간 쌓아 온 인권단체와의 네트워크로부터도 배제된 더 취약한 곳이 있을 수 있다는 고려도 반영되었다. 홈리스, 이주노동자, 취약노동, 장애인권 단체로의 파견을 결정했다. 나

    우리는 희망을 변론한다

중에 합류해 파견 사업을 경험하지 못했던 구성원들은 보다 생생하게 현장의 소리를 담아낼 수 있을 것이며, 이제 갓 활동을 시작한 신입 변호사 또한 구체적인 현장의 목소리를 온몸으로 체득할 수 있을 것이다. 이를 통해 공감은 앞으로도 계속 사회의 약자와 소수자를 위해 일하는 '만만한 변호사 친구'를 자처하고, '법률 활동가'로서의 길을 개척하며 현장에서 뛰는 가슴을 안고 행복하게 일해 나갈 것이다.

# 소 변호사 계속 남겨도!

소라미 변호사가 첫 파견을 나갔던 단체인 한국이주여성인권센터의 한국염 대표가 공감에 보내 온 고마운 글이다. 변호사에 대한 냉소와 불신이 어떻게 환대와 연대로 바뀌어 갔는지 잘 보여 주고 있다.

지난겨울, 성공회 뒤뜰에서 벌이고 있는 이주노동자 강제추방 농성장에서 젊은 변호사 두 사람을 만났다. 공감에서 이주노동자 권익 보호를 위해 변호사를 파견한다는 이야기를 들었고, 거기다 그 자리에 여성 변호사까지 함께 자리하고 있었으니, 이게 웬 떡이냐 하는 생각이 들었다. 강력히 그리고 간절하게 우리 센터에 여성 변호사가 필요함을 협박에 가까울 정도로 역설했다.

그 결과 소라미 변호사가 이주여성인권센터라는 이름이 길어서 이여인터로 줄여 부르고 있는 우리 센터에 파견되었다. 처음 농성장에서 보았을 때 농성장 분위기도 우중충했고 소라미 변호사도 겨울옷을 입은 터라 상큼한 분위기는 아니었다. 그랬는데 초봄이 되어 소라미 변호사가 사무실로 들어오는데 그야말로 봄기운을 가득 담은 하얀 아기 나비 같은 모습이었다.

이를 어쩌나? 순간적으로 우리 이여인터는 아기 나비가 앉기에는 너무 거친 꽃 같아 염려가 되었다. 솔직히 변호사 파견 신청을 하면서 '6개월이

    우리는 희망을 변론한다

라는 짧은 기간에 변호사가 와서 도움을 준다면 얼마나 주겠는가? 그 기간 동안에 의식화 교육을 해서 이주여성 문제에 관심을 갖는 변호사 한 사람 만들자'라는 불순한 동기 하나에 기왕 변호사가 오니까 '때는 이때다' 하고 맡길 일을 한 보따리 준비하고 있었으니, 내심 찔린 것도 사실이다. 시치미 뚝 떼고 그 무거운 짐을 소 변호사 머리 위에 올려놓았다.

일주일에 한 번 수요일마다 오는데, 올 때마다 짐을 한 가지씩 더 보탰다. 아니, 이건 분명 우리 때문이 아니라 소라미 변호사가 일거리를 몰고 다니는 팔자인 것이 분명하다. 소 변호사가 온 후로 우리 이여인터에 상담 건수가, 그것도 법률적으로 처리해야 할 상담 건수가 날로 늘어났기 때문이다. 하얀 아기 나비는 우리 상담팀과 손발이 맞아 열심이다. 이 찌는 여름에 에어컨은커녕 간신히 선풍기 한 대 있는 방에서 땀을 뻘뻘 흘리면서 상담 내용을 정리하고 법원으로 뛰어다니느라 하얀 나비의 얼굴이 빨갛게 익었다.

의식화 교육은커녕 우리는 소 변호사가 더위에 뛰어다니느라고, 일에 질려 도망갈까 봐 은근히 걱정하는 입장으로 바뀌었다. 소 변호사는 어느덧 우리에게 없어서는 안 될 소중한 사람이 되어 있었다. 국제결혼을 한 이주여성 문제는 대부분 이혼과 양육권, 면접교섭권, 국적 문제 등인데, 상식을 넘어서는 전문적인 법률 영역 앞에서 우리 비전문가들은 이만저만 당혹스러운 게 아니다. 소라미 변호사와 사건에 대한 이야기를 나누면서, 그 처리 과정을 지켜보면서, 우리는 법률적인 문제를 처리하는 기술을 하나씩 습득해 가고 있으니 일거양득이다.

이 과정에서 가끔씩 소 변호사에 대한 질투도 일어난다. 문제를 해결해 달라고 온 내담자들이 소라미 씨가 변호사라고 소개하면 태도가 싹 변해서 어찌 그리 적극적인 태도로 변하는지, 변호사라는 이름이 갖고 있는 위력에 입을 딱 벌릴 수밖에 없다. 변호사가 존재하는 것 자체로, 변호사가 자신들의 문제를 듣고 있다니까 우리 이여인터에 대한 신뢰도 글자 그대로 업그레이드되기도 한다. 이건 미처 생각하지도 못했던 부수 효과다.

얼마 전부터 소라미 변호사와 우리 이여인터가 의기투합해서 일을 하나 벌였다. 이주여성을 위한 법률 가이드라인을 만드는 것이다. 이 일이 막 시작되었는데 1차로 정한 파견 기간 6개월이 다 되어 가니 벌써부터 걱정이 앞선다. 소 변호사 입장에서는 일상적인 변호사 현장으로 돌아가는 게 이익이 되는 걸 모르는 바 아니지만, '젊을 때 어려운 이들을 위해 일하고 함께 지내는 것이 팔십 인생 길게 보면 삶에 유익하지 않겠냐'고 궤변을 토하기도 하지만, 소 변호사를 놓칠 것 같아 우리 입장에서는 참으로 애석하고 속 쓰리다.

소 변호사 계속 남겨도!

2005년 4월 한국염

 우리는 희망을 변론한다

초대받지 않은 자의
특권을
누리다

황필규 변호사

## 오랫동안 품어 온
## 공익변호사의 꿈

사법시험 2차 발표가 있던 날, 발표가 나기 직전에 몇 년 동안 하지 않던 기도를 했다.

'제 공부가 부족했다는 것 인정합니다. 하지만 기회를 주십시오. 좋은 일 정말 많이 하겠습니다.'

당시 둘째 아이를 돌봐 주시던 아주머니의 말씀에 의하면, 거의 같은 시간에 평소에 엄마만 찾던 아이가 갑자기 하늘을 쳐다보면서 "아빠~" 하고 외쳤다고 한다. 식구들까지 동원한 기도의 힘일까? 결과는 합격이었다. 꿈을 이루기 위한 첫 관문은 이렇듯 좀 구차하게 시작되었다.

내 꿈은 비영리공익법무법인에서 일하는 공익변호사가 되는 것이었다. 사법시험을 준비하면서도 스스로에게 수없이 질문을 던졌다. '공익'

이란 무엇인가? '비영리공익법무법인'이라는 것이 현행 법제상 성립할 수 있나? 필요하기는 한가? 지속 가능한가? 제 기능을 하기 위해서는 무엇이 전제가 되어야 하는가? 질문을 던질수록 쌓이는 것은 기존의 의문점에 대한 해답이 아니라 또 다른 질문들이었다. 조급하게 생각하지 않으려 애썼다. 일이 년에 완성될 수 있는 것이라면 꿈이라고 할 수도 없지 않겠는가. 진정으로 꿈꾸는 자라면, 비록 나에게는 꿈에 그칠지라도 다른 이에게는 현실이 될 수 있도록 하면 되지 않겠는가. 나는 나름 비장한 마음을 먹었다.

발표가 난 후부터 사법연수원에 들어가기 전, 잠시 비는 시간을 온전히 활용하고 싶었다. 그래서 평소에 계속 관심을 가지고 있었던 이주 문제를 가까이에서 접하고자 관련 단체들을 검색했다. 마침 외국인이주노동자대책협의회 송년회 소식이 보였고, 연락도 없이 무작정 그 장소로 갔다. 배우러 왔다며 단체 활동가들에게 인사를 하자 그들은 의아해하면서도 반갑게 맞아 주었다. 경험 많은 이주민단체 대표가 어느 대학 세미나에 참석한다는 공지를 보고, 세미나에 참석한 뒤 그분을 쫓아가 단체를 방문하기도 했다.

제목에 '인권'이 들어간 세미나와 토론회에 열심히 찾아다녔다. 그러면서 인권에 대한 다양한 경험과 관심을 가지고 있는 사법시험 동기들을 수소문해 인권법학회를 만들기로 의견을 모았다. 사법연수원에 들어가기도 전이고 아직 법조인이 되었다고 할 수도 없는 시기였지만, 공익변호사가 되기 위한 이런저런 구상을 하면서 나름의 방식으로 연수원 생활을 준비했다.

   우리는 희망을 변론한다

# 공감에
# 추월당하다!

사법연수원 1년차, 꿈만 있을 뿐 가진 것도, 아는 것도, 가르쳐 주는 사람도 없는 상황. 가능하면 많은 사람을 만나 이야기를 나누면서 조언을 구하고, 글과 자료도 최대한 많이 접하려고 했다. 인권법학회를 통해 인권법 세미나, 이주노동자 인권 세미나, 인권활동가 간담회와 강연회, 공익변호사 강연 시리즈 등을 진행했다. 또 적극적으로 공익 활동을 벌이는 선배 변호사들을 만나 그분들의 경험과 고민, 그리고 전망에 대해 심도 있는 이야기를 듣는 기회를 많이 가지려고 노력했다. 공익법운동 자료를 수집하고 외국의 현황 등을 점검하는 데에도 많은 시간을 할애했다. 고맙게도 사법연수원 내 많은 동기들이 조언과 격려를 보내 주었고, 인권법학회 회원들은 진전된 고민과 함께 미처 생각해 보지 못한 문제들까지 지적해 주었다. 그들의 문제제기는 나의 출발점이었다.

사법연수원 1년을 마칠 무렵 내가 생각하는 '공익법무법인'의 상은 구체화되어 있었다. 우선 '공익'은 기본적으로는 상식이 통하는 합리적인 사회로의 지향을 의미하겠으나 실제로는 인권, 특히 소수자와 약자의 권리를 의미한다고 정의 내렸다. 둘째, 사업 영역과 관련해서는 변호사의 전문성과 관심사를 고려하고 지원이 미비한 정도 등을 따져서 몇 개 영역을 우선적으로 선택해 집중한다. 셋째, 조직 방식. 장기적으로 영역별 공익법무법인으로 분화할 수 있는 가능성을 열어 놓되 우선 소규모를 지향한다. 동시에 다양한 전문가, 활동가, 자원봉사자 들과 조직적으로 활동을 전개하는 네트워킹을 중시해야 한다. 넷째, 재정과 관련해 초기의 설립 과정에서는 재단 등의 도움을 일부 받더라도 장기적으로는 개인 후원으로 유지한다.

1년차 시험이 끝난 2003년 12월, 드디어 벼르던 행동에 돌입했다.

"여러분의 100원짜리 동전 하나는 소장을 쓸 수 있는 볼펜이 됩니다. 여러분의 1,000원짜리 지폐 한 장은 소장을 내러 갈 수 있는 지하철 표가 됩니다."

다소 상투적인 문구의 나열이었지만 나름 비장한 심정으로 한 쪽짜리 호소문을 만들어 사법연수원 내 지인들에게 나눠 주며 국내 최초 '비영리공익법무법인'의 종잣돈 마련에 나섰다. 그런데 바로 그날 한 후배가 와서 이렇게 말했다.

"형, 아름다운재단이라는 곳에서 형이 말한 그런 단체를 만들었대요."

나는 호소문 뭉치를 들고 그대로 멈춰 섰다. '과연 내가 생각해 오던 그런 단체일까?' 반가움인지 의구심인지 분간하기 힘든 기분이 잠시 동안 나를 멍하게 했다.


같이 꿈꿀 수 있는 사람이 있으면 좋겠다. 서로 다른 꿈을 갖더라도 따뜻한 마음으로 그것을 나눌 수 있는 사람, 꿈이 커 가는 것을 묵묵히 지켜봐 줄 사람, 꿈을 지키지 못할 때 꾸짖어 줄 사람, 꿈을 버리지 말라고 토닥거려 줄 사람, 그런 사람이 많으면 좋겠다. 그것도 아니라면, 그 꿈이 허황된 것이라면, 마냥 꿈만 꾸고 있는 것이라면, 혹은 꿈을 꾸며 현실을 회피하고 있는 것이라면, 꿈에서 깨워 줄 사람이 있으면 좋겠다. 바로 지금 여기에.

(2003년 12월의 일기 중에서)

                    우리는 희망을 변론한다

# 초대받지 않아도 괜찮아!

당시 나를 초대한 곳은 어디에도 없었다. 인권 단체를 찾아갔을 때도, 인권 세미나와 토론회에 갈 때도, 초대받지 않은 곳을 찾아갔고 초대받지 않았기 때문에 어차피 거리낄 것 없는 자의 특권을 마음껏 누렸다. 그것은 공감에 들어가는 순간까지도 이어졌다.

공감에 대한 관심은 필연적이었다. 내가 생각했던 것과 가장 유사한 조직이 현실로 다가왔기 때문이다. 2004년 1월 공감이 출발을 알리며 선배들과 자리를 마련했다. 이번에도 곧바로 전화를 걸었다.

"후배가 참석해도 됩니까?"

너무 적극적이었던 걸까? 공감에서는 얼떨떨해하면서도 허락했다.

그렇게 우리나라 최초의 전업 공익변호사 단체가 처음으로 외부에 그 출발을 알리는 자리에 함께할 수 있었다. 선배들의 축하와 당부 등이 이어졌다. 기대와 궁금증을 숨길 수 없었던 나는 어느새 선배들보다 더 많은 말을 하고 있었다. 공감의 일원도 아니고, 공감에서 초대한 법조계 선배도 아닌 연수생이 말이다. 덕분에 두고두고 구박을 받았다. 지금 생각해 보면 공감 입장에서는 참으로 황당한 일이었을 것이다. 하지만 꿈이 확고했고, 그 꿈을 향해 돌진하다 보면 실수도 오해도 생길 수 있을 터. 나의 행보는 멈추지 않았다. 틈나는 대로 시도 때도 없이 공감에 들락거렸다.

"시간 좀 있으십니까? 저 면접 좀 봐 주시죠."

나는 개별 면접을 빙자해 공감 구성원 한 명 한 명과 대화를 나눴다. 언제나 환영받았던 것은 아니지만, 그래도 공감 변호사들은 면접에 응해 주었다. 초대받지 않았기 때문에 더 거침없었던 것 같다.

접하면 접할수록 공감에 마음이 끌렸다. 비록 조직, 재정, 활동 등 기본적인 구조가 내가 구상했던 것과 완전히 일치하는 것은 아니었지만, 양보할 수 없는 원칙들은 모두 만족시키고 있었다. 이를테면, 사회적 약자와 함께하며 공익을 추구할 것, 비영리일 것, 전업일 것, 개인이 아닌 조직의 형태일 것 등.

나는 공감을 선택했다! 공감이 받아 주거나 말거나 책상 들고 들어오겠다고 선언했다. 물론 이때도 공감 구성원 모두가 나를 반겼던 것 같지는 않다. 2004년 10월 중순, 2년차 시험이 끝난 다음 주 월요일부터 무급 자원봉사자로 첫 출근을 했다. 나의 공감 생활은 이렇게 시작되었다.


사법연수원을 수료했습니다. 가족들에게는 오시지 말라고 말씀드렸고 그냥 조용히 연수원 한쪽 구석을 지키고 있다가 사무실로 돌아왔습니다. 이제 제대로 '인권, 그 자유와 평등을 향한 끝없는 여로'에 들어섰으니 가슴 벅차야 할 것 같은데 그저 담담합니다. 항상 자기 성찰을 하며 조금씩 앞으로 나아가고자 합니다. 잊지 말아야 할 것들은 항상 기억하고, 아는 것은 반드시 실천하는 그런 삶을 살 수 있었으면 좋겠습니다.

'대단한 일을 하고 있다'고 착각하지 않고 주위의 정치적 시선을 두려워하지 않으며 자신을 속이지 않는 그런 활동을 하렵니다. 공감이라는 공간 속에 존재할 수 있어서 참 행복합니다.

(2005년 2월의 일기 중에서)



우리는 희망을 변론한다

2004년 10월, 드디어 공감에 입성했다. 왼쪽에서부터 소라미, 황필규, 김영수, 염형국, 정정훈 변호사.

# 첫 소송의 기억,
# 공감 변호사로 성장하기

공감에 들어와 난민 관련 활동을 하기로 결정하고, 유엔난민기구 한국사무소를 비롯한 관련 NGO와의 협력 관계를 모색했다. 이들과의 의견 교환을 통해 공감에서 버마(미얀마) 민주화 활동가 출신의 난민 신청자를 위한 소송을 지원하기로 했다.

"소송한다고 무슨 소용이 있기는 한 겁니까?"

아홉 명의 난민 신청자들은 사무실에 들어오자마자 화가 난 듯한 목소리로 한국 정부와 유엔난민기구에 대한 강한 불신을 토로하며 내게 쏘아붙였다. '단지 도와주려는 것뿐인데 내가 왜 이 분들에게 혼나고 있어야 하지?' 당황스럽고 어색했던 첫 소송 의뢰인들과의 첫 만남이었다.

의뢰인들은 2000년에 난민 신청을 했다. 법무부는 2005년에야 이들의 신청을 불허하고, 이의 신청 역시 기각했다. 이들이 협약에서 난민의 요건으로 규정한 '박해를 받을 충분한 근거가 있는 공포'를 가진 것으로 볼 수 없다는 짧막한 이유가 전부였다. 5년간 결정을 내리지 않고 당사자들을 장기간 불안정한 지위에 놓이게 했다는 지적에 대한 법무부의 공식적인 답변은 '연구조사 기간이 오래 걸렸다'는 것이었다. 난민 신청자들은 체류할 수 있는 자격은 주어지지만 취업은 할 수 없었다. 보조금 등 정부 지원도 없었다. 법을 어겨 살아남든지, 법을 지켜 굶어 죽든지의 양자택일을 강요받는 처지였다. 이들의 분노와 무기력감이 하루아침에 생긴 게 아님을 알 수 있었다. 게다가 법무부는 이들이 수년간 벌인 민주화 활동의 진정성에 의문을 제기하기까지 했다. 예측 가능한 삶을 영위할 권리, 생존권, 자신의 정치적 신념의 진정성을 모두 부정당한 심정을 어찌 다 헤아릴 수 있을까.

난민에 대해 무지했던 나는 황무지를 개척하는 심정으로 사건에 임했다. 난민에 관한 국내 문헌을 거의 모두 찾아보았다. 하루면 다 읽을 수 있는 분량. 단 하루 만에 국내 최고 난민법 전문가(?)가 될 수 있다는 사실이 나를 슬프게 했다. 의뢰인 한 명 한 명을 장시간 면담했다. 이들의 이야기를 듣고 또 들었다. 완결된 이야기가 나오기까지는 상당한 시간이 필요했다. 이 사람들이 지닌 삶의 결을 제대로 이해하려고 노력했다. 기존 판례는 단 3개뿐, 그나마 승소한 경우는 없었다. 그래도 조금이라도 도움을 받을 수 있는 곳은 모두 연락해 필요한 자료들을 수집하고 경험담을 들었다.

몇몇 버마 민주화 활동가들이 같은 시기 일본으로 건너가 난민 인정을 받았다는 소식이 들려왔고, 그 판결문을 구해 보자는 이야기가 오갔다.

위/ 2008년 9월 25일 대법원에서 최종 승소 판결이 나왔다. 이로써 3년간 지속된 소송이 마무리되고 의뢰인들은 난민 지위를 인정받았다. 같은 해에 출입국관리법 개정이 있었고, 부분적이나마 난민과 난민 신청자의 처우가 처음으로 규정되었다.
아래/ 공감의 소송을 통해 난민 인정을 받고 버마아동지원단체 따비에(THABYAE) 대표로 활동 중인 마웅저 씨.

그러고 얼마 후 의뢰인들이 관련 자료가 가득 찬 종이상자 여러 개를 들고 왔다. 지금까지도 헉헉 대며 무거운 상자를 들고 왔던 그들의 모습이 잊히지 않는다. 이렇게 많은 자료를 일본에서부터 가져왔으니 어떻게든 해보라는 절박한 심정이 전해졌다. 의뢰인들과 같은 시기에 한국에서 난민 신청을 했다가 절차가 지연되자 일본으로 건너가 난민 신청을 한 버마 민주화 활동가에 대한 일본 고등법원 재판 자료였다. 의뢰인들과 동일한 사유로 난민 신청을 한 사례였다. 일본 법원은 그들에게 난민 지위가 인정된다는 판결을 했다. 공감은 이 판결문을 전문 번역해 법원에 증거로 제출했다.

2006년, 1심에서 승소했다. 우선은 변호사로서 담당했던 첫 소송이었기 때문에 좋은 결과가 나온 것이 기뻤다. 소송을 진행하면서 행복할 정도로 많은 이들의 도움을 받을 수 있었고, 난민법에 대한 이해도 높아졌다. 비록 가진 지식과 경험은 없었지만 여러 사람이 힘을 합해 인권을 위해 일한다는 것이 얼마나 소중한지 느낄 수 있었다. 무엇보다도 나 스스로 공감 구성원이라는 정체성을 확립하고 활동에 자신감을 갖는 계기가 되었다.

공익 변론을 통해 실제로 의미 있는 사회적 변화가 가능하다는 것도 직접 경험할 수 있었다. 이 소송이 진행되던 시기에 처음으로 국내에서 난민 문제가 공론화되고 제도와 관행에 대한 문제 제기가 이뤄졌다. 여기에는 이 사건에 대한 언론 보도가 어느 정도 기여했다고 볼 수 있다. 2005년 이전에도 일부 단체에서 토론회를 개최했고, 2004년에는 난민에 관한 실태조사가 이뤄지기도 했다. 하지만 국회 차원의 토론회와 국가인권위원회 차원의 공청회가 개최된 것은 2005년에 이르러서였다. 이슈가 되는 난민 사건을 담당하고 있던 터라 나는 두 자리에 모두 전문가 패널로 참여했다.

이 사건에 대한 원고 전부 승소의 대법원 판결이 나온 해인 2008년에는 부분적이나마 난민과 난민 신청자의 처우가 처음으로 규정된 출입국관리법 개정이 있었다. 인도적 체류 허가자 및 일정한 요건을 갖춘 난민 신청자에게 취업 허가의 가능성을 부여하는 것이 주된 내용이었다. 공감은 같은 해에 인권위가 의뢰한 포괄적 실태조사에 난민단체들과 함께 참여했고, 난민법 제정안을 마련하는 공동 작업에도 힘을 보탰다. 2009년 난민법 제정안이 국회에 발의되었고, 서울지방변호사회 난민법률지원변호사단이 활동을 개시하면서 법제 개선 논의가 본격화되고 난민 소송 지원의 저변이 확대되었다. 마침내 2013년에는 아시아 최초로 독립된 난민법이 시행되기에 이르렀다. 극소수에 불과했던 난민 사건 수행 변호사는 이제 100여 명으로 늘었다.


# 모금 활동,
# '돈독' 오른 내가 앞장서다

공감은 사무실 운영과 관련한 모든 업무를 구성원들이 함께 담당한다. 비영리 단체인 공감에 꼭 필요한 모금 활동도 모두가 함께 한다. 다만 어떤 업무든 먼저 고민하는 사람이 필요하기 마련이다. 참하고 선량한 공감 구성원들 사이에서 가장 '돈독' 오른 내가 나서야 한다는 생각이 들었다.

많은 사람들이 국가의 지원을 받지 않고 오직 기부만으로 굴러가는 공감의 '정체'에 대해 궁금해 한다. 현재 변호사 7명과 간사 3명, 여러 자원

봉사자가 있는데, 월급이며 운영비며 어떻게 충당하는 걸까? 나는 그런 궁금증에 충분한 설명을 해 줄 필요가 있다고 생각한다. 그래야 사람들이 공감을 비롯한 공익단체의 생리를 이해하고 지속적으로 관심을 가질 수 있다.

공감은 풀뿌리 공익 활동을 원칙으로 한다. 시민들의 기부로 재원을 마련해 시민사회를 위한 법률 활동을 하는 것이다. 공익법 활동은 결국 국가의 잘못된 법제와 관행을 문제 삼는 경우가 많기 때문에 정부의 지원을 받고는 제대로 활동하기 어렵다. 우리 사회가 공정하고 정의롭길 바라는 공감은 그 운영에서도 원칙을 세우고 이를 지키려 한다.

공감의 모금 활동은 가까운 곳에서부터 시작된다. 영업을 시작하는 사람들이 가족이나 친구 등 지인에게 다가가듯, 우리도 마찬가지다. 동문회 모임, 변호사 모임은 우리의 중요한 활동 무대다.

몇 년 전 사법연수원 자치회에서 1인 1단체 기부운동을 벌였다. 연수생들에게 여러 사회단체를 소개하고, 연수생들은 그중 한 곳을 선택해 기부를 하기로 했다. 나는 그때 '법률 나눔' 강연자로 행사에 참석해 공감과 공익 활동에 대해 짧은 강의를 했다. 그런데 기부 대상 단체 명단을 살펴보니 정작 공감이 없었다. 간곡히 부탁해 공감도 명단에 이름을 올렸다. 며칠 후 공감 구성원들과 저녁 식사를 하고 있는데 휴대전화로 메시지가 들어왔다. 이럴 수가! 이제까지 보지 못했던 정기 기부자 수가 등록된 것이다. 꽥 소리를 지르며 좋아했다. 남들이 보면 이 정도로 뭘 그러냐며 호들갑스럽다 할지 모르겠다. 하지만 모금을 해 본 사람은 안다. 단 한 사람의 기부를 얻는 것도 얼마나 힘들고 의미 있는 일인지.

공감이라는 공간을 찾아오는 이들과 '공감'이 이뤄지기도 한다. '우리

   우리는 희망을 변론한다

2007년 사법연수원에서 공감 소개 및 후원 행사를 가졌다. 기부 권유는 '아쉬운 소리'가 아니다. 나와 관계 맺은 사람에게 하나의 선택 가능한 행동을 제시하는 일이다.

나라 최초'라는 수식이 따라붙다 보니 언론에서 취재 오는 일이 종종 있다. 공감이 궁금해서 오는 방문객들은 우리에 대해 아예 모르는 사람들보다 기본적인 이해도가 높고 '공감'할 자세가 되어 있다. 따라서 이들에 대한 기부 권유는 매우 자연스러운 일일 수 있다. 어떤 방문객은 사무실에 들어오자마자 기부금 신청서부터 찾는다. 주변 사람에게 소개하겠다며 신청서를 가지고 가기도 한다. 방문객을 공략하는 것만큼 좋은 모금 기회가 없는 것이다. 공감 사무실에서 시작해서 '공감'의 공간은 얼마든지 넓혀질 수 있다.

얼마 전 법인으로 독립할 때, 기존의 기부자들에게 일일이 전화를 걸었다. 그동안 공감을 지켜 준 것에 대한 감사의 말을 전하고, 공감의 홀로서기에 대해 설명하고, 계속 기부해 줄 것을 부탁하기 위해서였다. 이때도 나는 모금 활동을 잊지 않았고, 나와 통화한 기부자 중 상당수가 기부금을 증액했다. 그동안 기부해 준 것도 감사할 일인데 엎드려 절이라도 하고 싶은 심정이었다. 하지만 나는 안다. 내가 설득하거나 떼를 써서 그들이 기부를 계속하고 기부금을 증액한 것이 아니다. 그러고자 하는 마음이 있었고 나는 단지 그것이 가능하다는 것을 이야기했을 뿐이다.

공감은 모금이 '돈'만을 쫓는 과정이라고 생각하지 않는다. 공감의 모금 활동에는 언제나 변치 않는 원칙이 있다. 사람의 소중함과 돈의 소중함을 모두 인식하는 것이다. 사람이 수단이 되어서도, 돈이 목적이 되어서도 안 된다. 그 원칙을 잊지 않는다면 공감의 기부자들도 기부를 후회하거나 망설이는 일은 없을 거라고 생각한다.

가끔 사람들은 어떻게 기부를 독려하냐고 묻는다. 대답은 간단하다.

"묻지 않으면 답이 없으니 물어라!"

스스로를 '정당'하다거나 '올바른' 일을 한다고 여기는 오만은 독이 될 수 있다. '의미 있는' 일을 하고 있다는 확신을 가지고 하는 권유여야 한다. 기부 권유는 '아쉬운 소리'가 아니며, 공감과 관계 맺은 사람에게 하나의 선택 가능한 행동을 제시하는 일임을 깨닫는 게 중요하다. 모금은 '공감'의 과정이고, 상식이 통하는 사회 그리고 좀 더 나은 세상을 향한 꿈을 함께 가꿔 가는 과정이다.

## 울보라서 우는 게 아니다

나는 눈물이 많다. 어린 시절 울면서 찍은 사진들이 좀 있는 걸 보면 울보였던 것도 같다. 영화나 드라마를 보거나 소설을 읽다가도 찔끔거릴 때가 많고. 사람과 대화를 나눌 때도 마음이 통하고 있다는 느낌이 들면 눈에 눈물이 고인다. 평소에는 티를 안 내려고 노력하지만, 공감에서 일하면서 말을 잇기 어려울 정도로 눈물을 줄줄 흘린 적이 몇 번 있다. 이야기를 나누다 상대방의 눈물에 할 말을 잊고 침묵할 수밖에 없었던 경험도 여러 번 있었다.

그중에서도 용산의 기억은 잊을 수 없다. 사건 소식을 듣고 바로 현장에 달려갔다. 하루 종일 정신 나간 사람처럼 같은 말을 계속 되뇌었다.

"이건 정말 아니지 않나…"

그날 현장과 검찰청, 경찰서, 병원을 오가며 공감에서 일한 이래로 가장 긴 하루를 보냈다. 경찰은 다음 날 새벽까지 가족의 시신을 보려는 유가족을 가로막았다. 경찰은 검찰 지시를 받았다고 하고, 검찰은 그런 지시를 내린 적이 없다고 하고. 힘없는 사람들의 서러움이 무엇인지 뼈저리게 느껴졌다.

다음날 변협 인권위원회 회의에 참석했다. 조금 늦게 도착했더니, 용산 사태가 안건으로 올라 열띤 논의가 벌어지고 있었다.

"불법행위에 대해 위원회가 어떤 일을 한다는 것이 좀….."

"재개발 정책에 대한 점검은 필요하긴 하지요."

"나중에 좀 더 논의합시다."

현장에 있었던 사람으로서 뭔가 이야기를 해야 할 것 같았다.

"사람들이 죽었습니다… 유가족이 시신조차 못 보게 하는 건 정말 아니지 않나요. 힘없는 사람은 정말 이런….."

말을 이을 수 없었다. 어른이 되고 나서 여러 사람 앞에서 그렇게 울어 본 건 처음이었다. 통곡하는 유가족 앞에서도, 불타 버린 시신 앞에서도 울지 않았는데, 결론조차 뚜렷하게 내지 못하고 있던 회의 자리에서 나는 왜 눈물을 참을 수 없었을까. 아직도 잘 모르겠다.

나는 더 이상 눈물을 흘리고 싶지 않다. 다른 사람들의 눈물을 닦아 주고 싶다. 하지만 현실의 벽이 크고 높아 해결의 실마리가 보이지 않을 때, 그저 함께 울 수밖에 없다. 나 그리고 그들을 포함한 '우리들'의 눈물은 이렇듯 현재진행형이다.

# 검사 옷을 벗고 공감 옷을 입다

장서연 변호사

부모님과 마주보고 앉아 어렵게 말을 꺼냈다.

"저 검사 그만두고 싶어요."

검사 생활 6개월 만이었다.

"그만두고 뭐 할 건데?"

부모님은 어이없다는 듯 물으셨다. 나는 조심스럽게 대답했다.

"아름다운재단에 공감이라는 공익변호사 그룹이 있는데요. 그곳에 가려고 해요."

"검사 그만두고 로펌도 아니고, 돈도 못 버는 변호사를 한다고?"

부모님은 한동안 말씀이 없으셨다.

"너는 왜 남들처럼 평범하게 못 사니…."

부모님의 실망한 눈빛을 마주하며 더 이상 아무 말도 할 수 없었다.

# 내겐 너무 버거웠던 검사라는 옷

사법연수원을 수료하자마자 검사로 발령받아 전라남도 순천지청에서 근무했다. 부임 첫날 지청장실로 인사를 하러 갔다.

"안녕하세요. 장서연입니다."

인사를 받은 지청장은 웃으면서 앞으로 자기소개를 할 때는 언제 어디서나 이름 앞이나 뒤에 '검사'를 붙이라고 했다.

"네, 알겠습니다. 장서연 검사입니다."

나는 다시 부임신고를 했다. 검사가 되었다는 것이 실감이 나면서, '검사는 단순한 직업이 아니라 하나의 신분이구나' 하고 느꼈던 순간이다.

첫날부터 신임 검사 회식 자리가 있었다. 비교적 작은 청이었기 때문에 신임 검사 세 명과 지도 검사, 부장 검사, 지청장, 과장까지 10여 명이 모였는데, 여자는 나 혼자였다. 사법연수원 회식 때도 그런 분위기가 있지만, 검찰은 훨씬 더 남성 중심적인 문화였다. 회식 자리에서 폭탄주 5잔 정도는 거뜬히 마셨고, 연수원 때였으면 문제가 될 수 있는 발언들, 예컨대 성차별적이고 성희롱에 해당하는 말이 예사로 오갔다. 한 귀로 듣고 한 귀로 흘려보냈다. '이제는 나도 조직에 속한 한 명의 직장인이 되었구나' 생각하고 넘겼다. 지금도 사람들이 검찰은 어떠냐고 물어보면, "사법연수원은 고등학교 같고, 검찰은 군대 같다"고 말한다.

검사라는 신분은 검찰청 안에만 머무르는 것이 아니라 다른 생활 영역에서도 영향력을 발휘했다. 밥 먹으러 식당에 가도, 회식하러 술집에 가도, 과거처럼 '영감님'이라고 부르지는 않았지만 어디를 가나 '검사님'으

2006년 검사로 재직하던 당시, 매월 열리는 검사회의에 참석한 장서연 변호사(오른쪽).

로 깍듯한 대우를 받았다. 지역사회가 좁아서 더 그랬던 것 같다. 한국 사회에서 20대 후반의 여성이 받을 수 있는 최상의 대우를 받으며 지냈다. 한편으로는 검사 신분으로 지역사회에서 새로운 사람을 사귀는 일이 그만큼 부담스러웠다. 연고가 없는 지역으로 발령받아 1년 내내 주로 검찰청 내에서 선배나 동료 검사들과 지냈다. 내 인생이 개인적인 삶보다는 검사라는 정체성으로 전부 채워지고 있다는 느낌이 들었다. 점점 검사라는 옷이 버겁게 느껴지기 시작했다.

## '정말 억울한 사람이면 어쩌지?'

검사로서 처음 배당받은 구속 사건은 '뺑소니' 사건이었다. 운전자가 어

두운 밤에 시골길을 가던 할머니를 트럭으로 치고는 그냥 내뺐다. 할머니는 그 자리에서 숨졌다. 수의를 입은 구속 피의자가 내 앞에 앉았다. 초췌해 보이는 40대 남성이었다. 인상이 악한 사람 같지 않았다. 오히려 동정심이 느껴질 정도였다. 그는 부들부들 떨리는 목소리로 자신은 사람이 아니라 표지판을 친 줄 알고 그대로 갔다고 변명했다. 뺑소니 사건에서 차로 친 것이 사람인 줄 알면서도 도망갔느냐 사람인 줄 모르고 도망갔느냐는 유무죄가 달라지는 중요한 진술이다.

나는 "트럭 앞 유리창이 깨졌는데, 어떻게 그걸 모를 수가 있나?" "사람인 줄 몰랐다면서, 경찰이 집으로 갔을 때 트럭은 왜 숨겨 놓았나?"라고 계속 추궁했다. 그는 벌벌 떨면서도 끝까지 자신은 사람인 줄 몰랐다고 주장했다. 목소리도 높여 보고 타일러도 봤지만 그는 끝내 부인했다. 객관적인 정황과 증거물들이 있어서 유죄를 받는 데 크게 문제는 없었다. 그래도 내 마음 한 구석에 '이 사람이 정말 아무것도 보지 못한 것은 아닐까' 하는 걱정이 스몄다. 정말 억울한 사람이면 어떡하지? 아무래도 내 사고 구조는 검사보다는 변호사 쪽에 가까웠다.

여러 객관적인 정황을 참고해 그를 기소했다. 그런데 며칠 후, 공판 검사로부터 피의자가 법정에서 순순히 자백하더라는 이야기를 들었다. 공판 검사가 신문할 때도 부인하던 그가 국선변호인이 "피고인은 공소사실을 다 인정하지요?"라고 물었더니, "네" 하고 순순히 답했다는 것이다. 다행이라고 생각하면서도 '국선변호인이 검사보다 자백을 더 잘 시키는구나. 그런데 공소사실을 모두 인정한다는 말이 무슨 뜻인지 그 사람은 정확히 알고나 있을까'라는 생각이 들어 씁쓸하기도 했다.

검사로 일하면서 만난 피의자들 대부분은 가난했고, 피해자들도 대부분 가난했다. 물론 그중에는 정말 교활하고 나쁜 사람들도 있었다. 나를 '젊은 여검사'라고 얕잡아 볼까 봐 어떻게 겁을 줄 수 있을지 고민한 적도 있었다. 하지만 조사할 때 최소한 인간적인 모멸감은 주지 말아야겠다고 다짐했었다.

술집에서 양주를 마신 후 돈을 내지 않아 구속된 사람의 사건을 맡았을 때였다. 경미한 사안이었지만 (특정범죄가중처벌법상) 상습 사기범으로 실형이 선고될 수밖에 없었다. 그대로 구속 기소했지만 어머니가 치매에 걸려서 돌봐 줄 사람이 없다는 그의 하소연에는 진심으로 위로해 주었다. 며칠 후 교도소에서 편지가 왔다. 지금까지 나 같은 검사를 만나 본 적이 없다면서 진심으로 어머니를 걱정해 주는 것 같아 고마웠다는 내용이었다. 그 편지를 받고 나서 뿌듯하기도 하고 정신이 번쩍 들기도 했다.

'그래, 어떤 피의자에겐 내 진심의 한마디가 위로가 될 수 있겠구나.'

안타깝게도 반년 후 그를 다시 만나야 했다. 4개월의 실형을 살고 나온 지 얼마 되지 않아서 다시 같은 범죄로 구속되어 내 앞에 나타났던 것. 그는 40년 인생 동안 교도소에서 지낸 시간이 더 많은 것 같았다. 편지를 받고 느꼈던 일말의 믿음과 희망이 깨지는 순간이었다.

## '범죄'라는 프레임이 지배한다

법무연수원에서 3주 동안 신임 검사 교육을 받을 때였다. 공지영 작가가 강사로 와 소설 『우리들의 행복한 시간』(2005, 푸른숲)을 쓰게 된 과정, 사형수들과 인터뷰한 경험을 들려주었다. 『우리들의 행복한 시간』은 당시 천정배 법무부장관이 검사 임관식 때 모든 신임 검사들에게 한 권씩 선물로 나눠 준 책이었다. 검사로 일하면서 이 책을 읽으니 더 인상적으로 다가온 대목이 있었다.

몇 차례 자살을 시도할 만큼 우울감에 깊이 빠져 있던 여주인공은 수녀인 고모를 따라서 처음 사형수를 만나고 돌아오는 길에 이렇게 묻는다.

"저 사람은 무슨 일로 사형수가 되었나요?"

고모가 대답한다.

"너는 어떤 사람을 처음 만날 때 언제 어디서 무슨 잘못을 했냐고 물어보냐. (…) 난 그냥 오늘 한 사람인 누구를 처음 만난 거야."

그 사형수는 세 명을 살해한 사건의 공범이었다. 어느 집에 들어가 여자를 죽이고, 그 딸을 강간한 후 살해하고, 장 보고 집에 들어오는 가사도우미까지 살해했다. 인터넷 검색으로 그 사실을 안 여주인공은 경악한다.

이 대목을 읽을 때 심정이 복잡했다. 검사라는 나의 직업은 누구를 처음 만날 때 '이놈이 얼마나 나쁜 놈인가' 하며 기록을 읽고 그 사람의 죄를 묻는 일이니까. 어떻게 살아 왔건 어떤 사람이건, 그 사람이 어떤 나쁜 짓을 했는지를 가장 먼저 보게 되는 것이다.

'범죄'라는 프레임으로 사람을 보고 세상을 보다 보니 언젠가부터 일에 회의가 들기 시작했다. 검사로서의 삶이 외롭고 불행하다고 느꼈다. 검사라는 직업은 나에게 맞지 않았다. 5년차, 10년차 선배 검사들을 봐도 그들이 별로 행복해 보이지 않았다. 내가 느끼기엔 그만큼 검찰 조직에 희망이 보이지 않았다.

'지금'이 아니면 나도 관성에 물들어 검찰을 떠날 수 없을 것 같았다.

최근 스폰서 검사, 그랜저 검사, 벤츠 검사, 뇌물 검사, 성폭력 검사 등 줄줄이 터져 나오는 검사 비리 사건들을 보면서, 만약 내가 검찰에 그대로 있었다면 특권의식에 물든 조직 문화 안에서 나도 별반 다르지 않았으리라는 생각이 든다. '나가더라도 몇 년 경력을 더 쌓고 그만두라'는 주변의 권유를 뿌리치고 나는 1년 만에 검사를 그만두었다.

## 비교 체험 극과 극, 공감 옷을 입다

공감에서의 생활은 검찰 조직 문화와 비교하면 '비교 체험 극과 극'이다. 법조인의 세계는 군대와 비슷한 면이 있다. 사법고시와 연수원 기수로 서열이 분명히 나뉘고, 그 위계질서가 꽤 정연하다. 하지만 공감은 전혀 달랐다. 공감의 변호사들은 연수원 기수나 나이에 상관없이 서로 존댓말을 할 뿐 아니라, 서열이라는 개념 자체가 없다. 이렇게 수평적이고 평등한 관계를 지향하는 곳은 법조계에서 찾아보기 드물다. 소외된 인권을 위해 일하는 공감은 하는 일뿐만 아니라 조직과 사람 관계에서도 지향하는 가치를 그대로 실천하고 있다. 이것이 내가 '공감'을 꿈꾼 이유이기도 하다.

검사를 그만둬야겠다고 생각하고 있을 즈음 공감의 채용 공고를 봤다. 공익변호사 그룹이라는 조직이 낯설었지만 하고 싶었던 일이었기에 지원서를 냈다. 곧 연락이 와서 면접을 보러 갔다. 그런데 면접관이 하나둘이 아니었다. 공감 변호사 모두가 나를 인터뷰하러 들어왔던 것이다. 각자가 궁금한 것들을 물어 오다 보니 인터뷰는 혼란스런 느낌이 들 정도였다. 조금 당황스러웠다.

세 번의 인터뷰를 하고 나서야 공감의 정식 변호사가 되었다. 공감에 들어오고 나서 첫 면접이 소란했던 이유를 알게 되었다. 공감에서는 누구 한 사람의 의견만 더 중요하게 여기지 않았다. 모두의 의견을 존중하고 듣는 조직 문화를 가지고 있었다. 이 과정은 지난하고 혼란스러워 보일 수도 있다. 하지만 나는 공감을 통해 새로운 사회의 모습을 보는 것 같아 즐거웠다. 지나고 보니 공감에서 하는 일 대부분이 한국 사회에서는 새롭고 처음인 경우가 많았다.

## 타인의 삶을 이해한다는 것

공감에서의 첫 해인 2007년은 잊을 수 없다. 공감이라는 새로운 세상에 들어섰고, 나아가 세상을 보는 새로운 눈을 갖게 되었기 때문이다.

미얀마에서 온 난민 아난(가명)과는 화성외국인보호소에서 처음 만났다. 아난은 당시 1년 넘도록 보호소에 갇혀 있었다. 그녀가 지내는 좁은 공간에는 벽의 한 면 가득 직접 그린 초상화가 붙어 있었다. 보호소의 다른 동료 수용자들 얼굴을 그렸다고 했다. 수많은 사람들이 들어오고 나가는 보호소에서 1년이라는 시간을 어떻게 견뎠을까. 어떻게든 돕고 싶었던 나는 그녀의 난민 소송을 맡았다.

미얀마는 전체 인구의 약 70퍼센트를 차지하는 버마족과 약 135개의 소수민족으로 구성되어 있다. 아난은 1980년내에 미얀마의 소수민족으로 태어났고, 당시의 군부 정권은 소수민족 억압 정책을 펴고 있었다.

 우리는 희망을 변론한다

1990년대 초반 그녀가 살던 지역에는 대규모의 미얀마 군대가 주둔하며 주민들을 강제 노역에 동원했고, 군인들에 의한 강간 등 성폭력이 심각하게 일어났다.

아난은 고등학교에 다니던 1999년 반정부 단체를 지지하는 홍보 포스터를 그렸다가 문제에 휘말렸다. 학교 선생님이 미얀마를 탈출하는 게 좋겠다고 권유했고, 그녀는 옷가지만 몇 개 챙긴 채 바로 떠났다. 트럭을 얻어 타고, 산간지역을 걸어서 며칠 만에 겨우 인도 국경을 넘었다. 그녀는 수소문 끝에 인도로 먼저 피난 와 있던 어머니와 상봉할 수 있었다.

그러나 인도도 그녀에게 안전한 곳은 아니었다. 그녀가 있던 미조람 주는 미얀마에서 탈출한 난민이 많은 지역이었는데, 그들을 잡아 미얀마로 강제로 송환하는 극우단체들이 득세하고 있었다. 아난의 어머니도 그들에게 붙잡혀 송환당한 후 연락이 끊겼다. 신학교를 졸업하고 갈 곳이 없어 고민하던 그녀는 마침 선교 차 인도에 왔던 한국인 목사를 만나 2005년경 한국으로 오게 되었다.

한국에서의 생활도 순탄치는 않았다. 신학교를 다니게 해 주겠다던 목사는 약속과 달리 그녀를 교회에서 종처럼 부렸고 때리기까지 했다. 아난은 여권도 없이 그곳을 도망쳐 나왔고, 결국 비자가 없는 미등록 상태가 되었다. 그러다 2006년 8월 단속에 걸려 붙잡힌 후에야 비로소 난민 신청을 했다.

소송 준비를 위해 그녀의 사연을 들었을 때 처음에는 조금 혼란스러웠다. 내가 가진 경험과 지식으로는 이야기의 어떤 부분들이 잘 이해되지 않았다. 지역적, 민족적, 정치적, 종교적 문화와 환경이 너무 달랐다. 그나마 그녀는 영어를 잘하는 편이라 다행이었지만, 언어적인 장벽도 분명 존재했다.

난민 인정을 받기 위해서는 당사자의 진술에 기댈 수밖에 없다. 나는 그 진술을 뒷받침할 증거를 최대한 찾으려 노력했다. 미얀마 소수민족에 대한 국제 인권 보고서가 여럿 있었다. 그녀의 삶에 대한 직접적인 증거는 아니지만, 그녀가 속한 집단의 구성원들이 겪는 일반적인 인권 상황을 담고 있었다. 특히 소수민족에 대한 차별, 종교적 박해, 군인들의 성폭력에 무방비로 노출된 여성들, 인도에서의 강제송환 문제 등은 그녀의 진술과 대략 일치했다. 관련 내용들을 하나하나 찾고 살펴보는 동안 그녀의 삶도 퍼즐을 맞추듯이 조금씩 이해되기 시작했다.

이제 법원을 설득해야 했다. 그녀가 미얀마 여권이 아닌 인도 여권으로 입국했다는 점이 가장 불리하게 작용하고 있었다. 법무부는 인도 대사관에 의뢰해 그녀의 인도 여권이 진짜이며 따라서 그녀가 인도 국적자라는 내용의 회신을 받아 법원에 제출했다. 1심에서 서울행정법원은 인도 대사관의 회신 내용을 근거로 원고 패소 판결을 했다. 아난과 나는 크게 실망할 수밖에 없었다.

## '죄'가 아니라
## '삶'을 들여다보다

우리는 서울고등법원에 항소했다. 인도 대사관의 회신을 탄핵할 수 있는 증거들을 최대한 찾았다. 캐나다 난민심판위원회에서는 각국의 인권 상황을 보고하는데, 여기에 우리에게 필요한 내용이 담겨 있었다.

"인도에는 통합적인 신원 등록 제도가 없으며, 인도 국민이 아닌 자도 여권 브로커를 통해 쉽게 인도 여권을 발급받을 수 있고, 인도에는 위조된 신원 증명서가 널리 이용되기 때문에 그 진위를 확신할 수 없다."

인도 여권을 소지하고 한국에 입국한 다른 미얀마인들을 법무부가 난민으로 인정한 사례가 이미 있었다는 사실도 확인했다.

2009년 1월 8일, 서울고등법원에서 2심 선고가 있는 날이었다. 보통은 변호사가 선고 기일에 출석하지 않는데, 이번만큼은 선고를 직접 듣고 싶어 법원으로 향했다. 재판장이 아난의 사건 번호를 불렀다. 나는 떨리는 마음으로 귀를 기울였다.

"제1심 판결을 취소한다. 피고가 원고에 대하여 한 난민인정불허 결정을 취소한다."

떨 듯이 기뻤다. 바로 아난에게 전화했다.

"우리가 이겼어요!"

아난은 소리를 지르며 환호했다. 그녀는 정말 기뻐하며 연신 고맙다고 했다. 나는 그녀가 그 고난을 다 겪고도 포기하지 않은 것이 대단한 거라고 말해 주었다.

아난과의 만남을 통해 나와 전혀 다른 문화와 환경에서 온 타인의 삶을 이해한다는 것이 얼마나 어려운 일인지를 깨달았다. 서로를 이해하기 위해서는 노력이 필요했다. 아는 만큼 이해할 수 있고, 이해하는 만큼 공감할 수 있었다.

아난뿐 아니라 이후 공감에서 일하며 만난 많은 사람들, 특히 HIV/AIDS 감염인, 트렌스젠더, 장애인, 이주노동자, 성매매여성, 철거민 들도 마찬가지의 과정을 통해 서로를 이해해 나갔다. 처음에는 나와 전혀 다

2007년 퀴어문화제의 퍼레이드 'AIDS & Solidarity+(에이즈와
연대)'에 참가한 장서연 변호사. 같은 해 5월, HIV양성 판정을 받
았다는 이유로 강제출국 명령을 받은 외국인을 대리한 행정소송
을 시작했고, 2009년 대법원까지 가서 승소를 확정받았다.

  우리는 희망을 변론한다

른 삶을 사는 것만 같았던 그이들이 낯설었다. 하지만 꾸준한 노력을 통해 점차 그들을 이해하게 되고, 내 삶도 그들의 영향을 받아 변화하기에 이르렀다. 세상과 사람을 보는 방식이 조금씩 달라졌다. 검사 시절에는 그 사람이 어떤 죄를 지었는지 조서를 중심으로 보고 판단하면 충분했다. 하지만 이제는 한 사람을 총체적으로 봐야 했다. 나에게는 무척 큰 변화였다.

## 부당한 법 적용 앞에 무력해지기도

공감에서 일하며 늘 좋은 결과만 있었던 것은 아니다. 지금도 마음의 짐으로 남아 있는 사건들이 있다. 대개는 법 제도가 정의롭지 못하거나, 법 적용이 공정하지 않았기에 빚어진 결과였다. 법조인으로서 법 제도와 적용에 문제가 있을 때면 한없이 부끄러워지고, 이런 상황에서도 법에 따라 행동하고 법에 호소해야 하는 건지 답답해진다.

소수자의 인권 찾기에 나서는 공익변호사는 아무래도 이런 경우를 자주 접한다. 그런 현실을 바꾸려고 이 길을 택했지만, 막상 부당한 현실 앞에서 무기력해질 때가 있는 것도 사실이다. 용산참사 변호인단으로 참여했을 때 느꼈던 좌절감은 공감 변호사들 모두가 같은 마음일 것이다. 우리는 끝까지 변론하지 못했다(자세한 경위는 179~180쪽 참조). 많은 사람들이 불공정한 법 적용에 분개했다. 나 역시 변호사로서 내 역할이 무엇인지 많은 고민이 들었고, 한편으로는 무력감이 밀려와 힘들었다.

특히 미등록 이주노동자의 강제추방 앞에서 변호사인 나는 언제나 초라해진다. 이주노조 간부들이 기습적인 표적 단속을 당해 강제로 추방되는 것을 보면서도 그랬고, 무엇보다 2009년 미누가 우리나라를 떠날 때 느낀 허탈감은 지금도 내 마음을 무겁게 한다.

한국에서 18년 동안 살았던 네팔 출신의 이주노동자 미누(본명은 미노드 목탄)는 나름 유명 인사였다. ‘스톱크랙다운(Stop Crack Down, 단속 추방 금지)’이라는 밴드를 결성해 이주민의 삶을 노래해 온 문화운동가였고, 이주노동자방송(MWTV) 공동대표, 이주노동자영화제 집행위원장을 맡기도 했다. 그는 이주민과 한국인의 진정한 소통을 돕기 위해 다양한 활동을 벌였다. 하지만 그의 신분은 ‘미등록 이주노동자’였다.

미누가 ‘표적 단속’을 당했다는 소식을 듣고 그를 면회 갔을 때, 외국인 보호소 수용복인 파란색 체육복을 입고 멋쩍어하던 그의 눈빛을 잊을 수가 없다. 신발도 제대로 신지 못한 채 끌려온 것에 대한 모멸감, 한국에서 이용만 당하고 버려지는 것에 대한 배신감, 자신의 일로 동지들을 고생시키는 것에 대한 미안함, 자신의 존재와 삶의 가치를 부정당한 것에 대한 분노, 그리고 강제추방과 미래에 대한 두려움… 이 모두가 뒤섞인 심정이었으리라.

미누는 “내가 한국에서 살아갈 가치조차 없는 사람이었는지, 18년이란 시간이 헛된 것이었는지 한국 사람들에게 묻고 싶다”며 눈물을 보였다. 그는 승소할 확률이 크지 않다는 것을 알면서도 소송을 통해 싸우고 싶다고 했다. 그러나 법무부는 여론이 시끄러워지자 작별 인사를 할 시간도, 변호사에게 연락할 기회도 주지 않고 기습적으로 미누를 추방했다.

추방당한 다음날, 미누는 한국에서 보낸 18년이 마치 기나긴 꿈처럼 느

     우리는 희망을 변론한다

서울출입국관리사무소 앞에서 미누의 석방을 촉구하는 기자회견이 열렸다.

꺼진다고 했다.

"오늘 아침에 자다가 일어나 한참을 멍하고 있었습니다. 마치 18년 동안 자다가 기나긴 꿈을 꾸고 일어난 것 같은 느낌처럼, 아니면 영화의 한 장면처럼 얼음으로 얼었다가 몇백 년 후 꺼내진 것 같은 느낌처럼…. 많은 것들이 변해 버린 것을 보았습니다."

강제추방은 이주민들이 한국 사회에서 맺어온 수많은 인연과 관계, 삶의 기반을 하루아침에 현실이 아닌 허무한 꿈으로 만들어 버린다. 막무가내의 단속 과정에서 사망과 부상 사고도 속출한다. '불법 체류자'라는 이유로 여전히 속수무책으로 당해야 하는 미등록 이주민의 현실 앞에 변호사가 할 수 있는 역할은 너무나 초라했다.

# 온몸으로
# 막아 주던 그들

삶은 우연한 계기로 바뀌기도 한다. 2011년 여름, 부산 벡스코에서 개최된 '아시아 태평양 지역 국제 에이즈 대회(ICAAP)'에 참가했다. 대회 기간 중 한 세션에서 '한국 내 이주민에 대한 HIV 강제 검사와 입출국 제한'을 주제로 발표를 맡았다. 이 행사는 에이즈 관련 세계 최대 학술대회인 동시에 한국에서 처음 개최되는 에이즈 국제회의였다.

국내외 에이즈 활동가들이 대회장 실내에서 FTA(자유무역협정)에 반대하는 평화 행진을 벌였고 나도 그 자리에 참여했다. FTA는 복제약 생산을 막아 에이즈 치료약 값을 폭등시키는 원인으로 에이즈 이슈에서 중요한 문제였다. 특히 인도에서 온 활동가들이 인도-EU FTA 협상을 앞두고 "생명을 팔아넘기지 말라"며 반대의 목소리를 높였다. 그런데 행진을 마무리할 무렵 갑자기 소란스러워졌다. 사복경찰이 불법 채증을 하고 있었던 것이다. 대회 진행 요원은 실내에서 평화 행진을 하는데 왜 채증을 하냐고 항의했다. 에이즈 대회 참가자들은 대부분 감염인 당사자거나 성소수자, 성노동자, 이주활동가 들이어서 허가를 받지 않은 촬영에 예민할 수밖에 없었고, 그 대회는 엄격한 프레스(언론 취재) 가이드라인이 있는 행사였다.

사복경찰이 계속해서 신분을 밝히지 않자, 사람들이 몰려들었고 잠시 실랑이가 벌어졌다. 그러자 어느새 사복경찰들이 사람들을 둘러싸고 참가자들을 강제 연행하기 시작했다. 나는 변호사증을 내보이면서 사람들을 연행하는 이유를 묻고 연행을 멈추라고 외쳤다. 그랬더니 주변에 있던

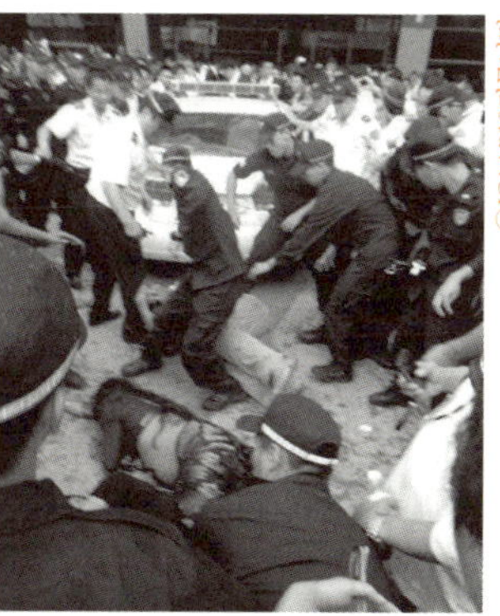



경찰이 갑자기 양쪽에서 내 팔을 붙잡고 순식간에 경찰차로 끌고 갔다. 경찰이 나를 태우고 출발하려 하자, 주변에 있던 국내외 에이즈 활동가들과 대회 참가자들이 둘러싸서 경찰차를 몸으로 막았다. 땡볕이 내리쬐는 무더운 한여름에 경찰차를 두고 1시간 동안 대치했다.

경찰은 사람들을 밀쳐내고 결국 차를 출발시켰다. 이 과정에서 에이즈 활동가들이 부상을 당했고, 몇 명은 병원 치료까지 받아야 했다. 경찰들에게 왜 나를 연행하는지 물었지만 아무도 대답하지 않았다. 해운대경찰서에 도착하자 어이없게도 담당 형사가 "왜 변호사님을 연행했는지 모르겠네요"라고 당황해했다. 참고인 조사만 하고 3시간 만에 풀려났다.

대회 기간 중 갑작스럽게 발생한 경찰 폭력 사건으로 국내외 에이즈 활동가들은 부산 경찰과 경찰 폭력을 방치한 주최 측과 유엔 산하 에이즈 전담기구인 유엔에이즈(UNAIDS)에 항의했고, 나 역시 사건 책임자에 대한 진상 규명과 한국 활동가들의 안전 보장을 요구하는 대응 활동을 하느라 남은 대회 기간 동안 정신없이 보냈다. 학술회의에 참가해 오랜만에 여유롭게 지내려던 계획은 본의 아니게 경찰 연행 피해자가 되면서 여지없이 깨졌지만, 그해 여름 활동가들과의 뜨거운 만남은 잊지 못할 기억으로 남았다. 특히 내가 1시간 동안 경찰차에 갇혀 있을 때 온몸으로 막던 이들을 잊을 수가 없다. 그동안 변호사로서 늘 '도움을 주는' 입장이었는데, 내가 '도움을 받는' 입장이 되는 순간이었다. 그때서야 나도 그들의 일원이 된 것 같았다. 단지 '대변자'가 아니라, 그 안에 속하고 싶어졌다.

나는 사회적 약자와 소수자들이 변호사를 통해서가 아니라 스스로 목소리를 낼 수 있는 사회를 꿈꾼다. 그래서 공감 이후에는 그들과 더 가까운 곳에 있고 싶다.

황필규 변호사

## 예비 법조인들의 꿈 '국제인권변호사'

법대에 들어갔을 때 이런 말을 들었다. 갓 입학한 법대생들에게 앞으로 무엇이 되고 싶은지를 물으면, 반은 '인권변호사'가 되고 싶다고 하고 나머지 반은 무슨 일을 하는지 잘 몰라도 '국제변호사'가 되고 싶어 한다고. 그래서 나는 종종 이런 농담을 한다.

"나는 '국제인권변호사'로 일하니까 법학 전공자들의 꿈을 다 이뤘네?"

중학교 때 외국 생활의 영향이었을까. 나는 어렸을 때부터 국제주의자를 꿈꿨다. 물론 특정 민족, 조국, 사회가 갖는 의미를 부정하지는 않지만, 그것을 출발점으로 삼는 논의에 강한 거부감이 있다. 나는 우연히 한국인으로 태어났고, 우연히 지금 이곳에 존재하고 있을 뿐이다. 인권을 생각할 때도 마찬가지다. 내가 한국인이고 한국말을 가장 잘 하고 한국에 가족과 함께 살고 있다는 점을 감안할 수밖에 없지만, 여건이 허락하는 한 국적이나 민족에 상관없이 모두가 평등하게 인권을 향유할 수 있도록 노력하는 것, 그중에서도 특히 취약한 상황에 놓여 있는 이들과 함께하고자 노력하는 것이 중요한 출발점이라고 생각한다.

공감에서 활동을 시작한 이래 줄곧 인권의 '초국가적 접근'의 필요성에 주목해 왔다. 이주, 난민, 인신매매 등은 국경과 국적을 넘나드는 문제이고, 다국적 기업의 문제 등은 이슈 자체가 초국가성을 띠기도 한다. 국제 인권 기준 등 다양한 구제 수단이 국가의 경계를 넘어 존재하고, 나아가 인권 자체가 국내외적 법제와 관행의 개선을 요구한다. 이를 위해서는 국내, 국제, 외국 법제의 연구조사가 필수이다. 운동으로서의 인권을 생각해 봐도 국가 간 공통 인권 이슈에 대한 공동 대응과 상호작용의 필요성이 점차 늘고 있다. 깊이 들여다보지 않더라도 실제로 하나의 인권 문제에 국제법과 국내법이 모두 관련되는 경우가 늘고 있고, 초국가적인 이슈들의 범위와 중요성은 점점 확대되고 있다. 나는 이러한 방향의 활동이 공감에서의 나의 역할이라고 스스로 규정하고 적극적으로 뛰어들었다.


## 국제 인권 문제에 뛰어들다

사법시험 결과를 기다리면서 시험에 떨어질 경우 무엇을 할지를 진지하게 고민했었다. 이미 네 번째 본 2차 시험이었고, 이번에 떨어지면 더 이상 미련을 두지 않고 다른 길을 갈 마음의 준비가 되어 있었다. 포기할 수 없는 것은 국제인권법과 국제적 접근을 기초로 법률 전문가로서 인권을 위해 일하는 것이었다. 변호사가 될 수 없다면 대학에서 관련 학문을 연구하며 큰 틀에서 이와 비슷한 활동을 할 수 있겠다는 생각이 들었다. 어렸을 때부터 책 읽기를 그다지 좋아하지 않았고, 철학적인 논의를 이해하는 데 어려움을 느껴 왔기 때문에 진정한 '학자'가 될 수 있을까 하는 의구심은 있었다. 그렇지만 적어도 학문 '기술자'로서 기여할 수 있는 길이 있지 않을까? 국내에는 국제인권법을 제대로 공부할 수 있는 곳이 없고 유학을 갈 만큼 재정적인 여유가 없었기 때문에, 사법시험 2차 발표가 날 때까지 석사 논문과 박사과정 입학을 준비하며 각종 장학 제도 등 재정적인 지원을 받아 공부할 수 있는 방법을 집중적으로 조사했다. 다행히 사법시험에 합격해 최선의 선택을 할 수 있게 되었지만, 이때 조사했던 정보는 공감에 들어온 후 스스로의 전문성과 국제적인 활동의 폭을 넓히는 데 결정적인 기여를 했다.

공감에서 수습으로 일하던 2004년 12월, 약 두 달간의 탐색을 통해 스스로의 활동 영역을 정리해 보았다. 연구자로서 내 전공 분야로 여기고 있던 국제인권법에 대한 지식과 관심을 기초로 '국제 인권 기준과 기구의 활용'이라는 하나의 영역을 설정했다. 사법시험을 준비할 때부터 큰 관심을 가졌고 공감에서도 이미 활동을 진행하고 있었던 '이주 영역'은 자연스럽게 나의 영역으로 받아들였다. 국제 인권단체에서 활동하는 한 지인의 권유로 유엔난민기구 한국사무소와 관계를 맺으면서 이주 영역과 긴밀한 관계가 있는 '난민 영역'도 활동 목록에 올렸다. 당시 공감의 주된 활동 방식 중 하나이던 파견 사업을 통해 접하게 된 '다국적 기업 문제' 역시 또 하나의 활동 영역으로 자리 잡게 되었다. '공익법 운동과 공익법 활동 교육·중개 영역'은 인권운동에 대한 고민과 공익법 활동의 저변 확대라는 문제의식이 있던 차에 관련 외국 문헌의 연구조사가 필요하다고 여겨 기존 공감의 활동에 결합시켰다. 이 모든 영역은 시작했을 당시만 해도 현장에서 활동하는 법률가가 거의 없는 새로운 길이었고, 내게 있어서는 국제 인권이라는 큰 틀로 묶을 수 있는 분야였다.

스스로 실무가, 연구자, 활동가로서의 역할을 통합시키려고 애썼고, 지도자, 전문가, 관리자의 역할을 넘나들며 인권 보호라는 큰 방향을 위해 가장 적절하게 자신을 자리매김하려고 노력했다. 공감 구성원, 관련 단체, 기관, 전문가, 활동가 들과 함께하며 다른 이들로부터 많은 것을 배우고 활동의 효과를 극대화하고자 했다. 또 이러한 활동 방식이 국내에만 머무르는 것이 아니라 아시아 국가 등 가능한 더 넓은 틀에서도 펼쳐질 수 있기를 바랐다. 따라서 공감이 새로이 개척한 영역이라고 해도 공감이나 나의 것이 아니라 함께한 모든 이들의 공동 작품이다.


## 국내 인권 문제에도<br>국제 기준 활용은 필수

국제 인권 활동의 가장 기본적인 내용은 유엔인권조약기구[*] 등 유엔인권기구에 제출할 NGO 보고서의 공동 집필과 한국의 인권 상황이 심의되는 현지에서의 활동을 통해 국제 인권 기준 및 유엔인권기구의 권고가

---

[*] 유엔인권조약기구로는 경제적·사회적·문화적권리위원회, 자유권규약위원회, 인종차별철폐위원회, 여성차별철폐위원회, 고문방지위원회, 아동권리위원회, 장애인권리위원회 등이 있다.



우리는 희망을 변론한다

국내에서 이행될 수 있도록 하는 것이다.

공감은 2007년 관련 단체들과 함께 유엔인권이사회의 국가별 인권 상황 '정기검토(UPR)'에 대한 대응을 준비하면서 활동가, 연구자, 실무가 등으로 구성된 국제인권네트워크의 결성을 주도했고, 2008년 촛불집회를 계기로 유엔 인권 메커니즘의 '특별절차'를 적극적으로 활용하는 전기를 마련했다.

가장 기억에 남는 활동은 2006년 10월 처음으로 스위스 제네바에 직접 가서 유엔자유권규약위원회의 한국 국가보고서 심의에 대응했던 활동이다. 연초부터 민변을 중심으로 NGO 보고서 작성 등 관련 활동을 위한 준비 모임을 수차례 가졌고, 인권단체연석회의, 민변, 참여연대, 기타 여러 단체들과 공동으로 NGO 보고서를 작성했고, 제네바 심의 전에 기자회

> **유엔인권이사회의 '정기검토'와 '특별절차'** 유엔인권이사회(UNHRC)는 가장 대표적인 유엔의 인권기구로, 2006년 위원회에서 이사회로 승격되었는데 이는 인권 분야의 중요성의 강조하는 유엔의 의지를 표명한 것이라고 볼 수 있다. 유엔인권이사회는 특별절차(Special Procedure), 국가별 인권상황 정기검토(UPR, Universal Periodic Review), 자문위원회 등을 갖추고 있다.
> '특별절차'는 특정 국가의 상황이나 특정 주제의 이슈에 대응하기 위해 이사회가 마련한 메커니즘으로, 특별보고관의 조사와 확인, 권고, 보고서 작성 등의 활동에 기반한다. 그동안 한국에는 의사표현의 자유에 관한 특별보고관, 이주민의 인권에 관한 특별보고관, 인권옹호자에 관한 특별보고관 등이 공식 방문하여 관련 인권 상황에 관한 조사 및 보고서 작성을 한 바 있다.
> '정기검토'는 유엔인권이사회가 회원국 전체에 대해 4년마다 인권 상황 전반에 대한 국가보고서를 제출하도록 하고 그것을 심의한 후 '권고'를 채택하고, 그 이행 여부를 다음 보고서에 담도록 하는 제도이다. 그 과정에서 국내 NGO나 국가인권위원회 등은 국가가 작성한 보고서에 대한 견해를 표명하는 보고서를 제출할 수 있고, 경우에 따라 구두 발언을 할 기회를 가질 수도 있다.

2012년 12월 열린 '제2회 유엔인권권고 분야별 이행사항 점검 심포지엄'은 유엔 인권 권고의 의미를 되새기는 자리로, 공감도 참석해 '유엔 인권 권고 이행 메커니즘 확립 방안'에 대해 발표했다.

견도 했다. 제네바 현지에서 위원회 심의 과정에 직접 결합해, 위원들을 상대로 브리핑을 하고 구체적인 이슈들에 대해 직접 설명을 하기도 했다. 심의 도중에는 공식적인 개입이 불가능하기 때문에 위원들이 차를 마시러 가거나 화장실을 갈 때 쫓아가서 NGO의 입장을 설명했고 지적할 사항이 있을 때에는 급하게 메모를 작성해 전달하기도 했다.

'철저한 감시 시스템으로 인해 도청은 있을 수 없다'는 정부의 보고에 대해, 그동안 정부 차원에서 조직적으로 이루어진 도청의 근거를 제시함으로써 한국 정부의 안일한 접근에 경종을 울릴 수 있었다. 심의가 이루어진 며칠 동안 거의 밤을 새며 필요한 추가자료를 준비했던 것이 좋은 기억으로 남아 있다. 비록 위원회의 권고가 나온 후에도 정부의 별다른 태도 변화가 있었다고 볼 수는 없지만 그나마 이러한 감시 활동이 없다면 정부가 얼마나 인권을 도외시할 수 있을까에 대해 진지하게 고민해 보았다.

국내 인권 관련 법제 개선이나 소송에 있어서 국제 인권 기준의 활용은 필수적이다. 특히 어떤 이슈가 있는데 국내에서 논의가 활성화되지 않거



우리는 희망을 변론한다

나 수십 년 동안 고정된 틀을 유지하고 있는 경우, 소송으로 거의 다뤄지지 않아 관련 판례가 없는 경우 등에는 국제적인 논의와 외국 법제의 검토는 새로운 법리의 개발과 적용에까지 나아갈 수 있다.

2006년에는 관련 실무가들과 함께 국내 최초로「모든 이주노동자와 그 가족의 권리 보호에 관한 국제 협약」의 비준을 위한 연구를 진행했다. 난민법의 경우, 2006년 초보적인 논의에서부터 2012년 법안 통과가 이루어질 때까지 7년간 법안을 만들고 이를 수정 및 보완하는 과정에서 유엔난민기구의 관련 문헌, 유럽연합 법령, 그리고 난민을 수용하는 다수 국가의 법제를 연구조사했다.

소송과 관련해 가장 포괄적인 연구가 진행된 때는 서울경인이주노동조합설립신고서반려처분취소소송 항소심에 참여한 때였다. 가장 중요한 쟁점 중 하나가 체류 자격이 없는 이주노동자의 경우 노동조합원의 자격을 인정할 수 있느냐는 것이었다. 1심에서는 '체류 자격과 취업 자격이 없는 이주노동자는 장래 노동조건 개선을 위해 존재하는 노동조합의 구성원이 될 수 없다'고 판결했다. 그러나 이러한 해석은 헌법적으로 허용될 수 없는 것이었고, 여러 국제 인권 조약에 비춰 보더라도 적절하지 않았다.

2심에서 1심 판결을 뒤집었다. 각종 국제 인권 조약, 이들 조약의 유권 해석의 일종인 일반 논평, 최종 견해, 개인 통보 결정 등을 빠짐없이 조사했고, 국제노동기구, 미주인권재판소, 유럽평의회의 조약, 결정, 권고 등을 종합적으로 정리한 서면도 제출했다. 비록 판결문에서 국제 인권 기준 등을 직접 언급하지는 않았지만 이러한 국제법, 비교법 연구가 소송에서 힘을 발휘한 사례였다.

# 해외에 나간 국내 기업 인권 침해 없는지 감시

공감은 국제민주연대 등 관련 단체와 함께 해외에 진출한 한국 기업 감시 네트워크를 구성해 현지에서의 인권 침해 가능성에 대해 지속적인 감시 활동을 진행해 왔다. 국내외의 기준을 연구하고 현지 실태조사를 실시한다. 이를 통해 파악된 인권 침해 사례들에 대한 진정 등을 관련 단체와 공동으로 수행한다. 이 영역에서의 주요 활동 내용은 다음과 같다.

- 2004년 버마 내 한국 기업의 가스 개발 프로젝트 관련 현지 조사 후 미국 하버드 로스쿨 국제인권클리닉과 공동으로 국가인권위원회에 진정 제출
- 2007년 필리핀 내 한국 기업의 노조 탄압 관련 현지 조사 후 국내외 단체들과 공동으로 OECD 다국적기업에 관한 가이드라인에 근거한 진정 제출
- 2008년 인도 내 한국 기업의 제철소 프로젝트 관련 현지 조사 후 국내외 단체들과 공동으로 OECD 다국적기업에 관한 가이드라인에 근거한 진정 제출

무엇보다 해외 한국 기업의 현지 인권 침해에 관하여 책임을 물을 수 있는 방식과 관련해, 국제 공법과 사법, 국내 공법과 사법, 외국법 등 다양한 수위의 법제들을 종합적으로 검토해 한국 내에서의 소송 가능성을 제시하고 이를 공론화시킨 활동은 이후에도 많은 후속 논의와 활동을 가능

하게 한 것으로 의미가 있었다.

## 인권 문제에는
## 국경이 없다

공감은 함께 일하는 네트워크를 꿈꾸며 이주, 난민, 다국적기업, 사법 접근권 등과 관련한 아시아 단체 네트워킹 사업을 지속적으로 수행해 왔다. 2008년부터 2년 동안 진행된 '한국, 일본, 필리핀 이주민 인권변호사 네트워크 프로젝트'도 그 일환이다. 또한 2011년 아시아 내 유일한 인권변호사 네트워크라고 할 수 있는 '인권에 기초한 사법 접근권 아시아 컨소시엄'을 공동 설립하고 초대 의장을 맡아 정부기관, 법원, 경찰, 국가 인권 기구, NGO를 아우르는 민관 협동 네트워크 형성을 위해 노력하고 있다. 가장 대표적이고 의미 있었던 활동은 아태난민권리네트워크를 공동 설립해 2010년부터 2년간 의장으로서 역할을 수행한 것이다. 이 네트워크는 아시아 내에서 활발하게 활동하며 상호 교류와 교육뿐 아니라 여러 국가의 아동 구금 제도 개선에도 기여하는 등 실질적인 활동을 펼치고 있다.

국제적인 네트워크가 형성되면서 외국에서 그 나라 법제 개선에 대한 자문이나 구체적인 소송과 관련한 자문, 전문가 의견 제출 요청이 들어온다. 2006년과 2009년 두 차례에 걸쳐 태국과 인도에서 있었던 '유엔 기업과 인권 특별대표 아시아 자문회의'에 초대받기도 하고, 2009년부터는 매년 유엔난민기구의 초청으로 스위스에서 열리는 NGO 자문회의에 초대받고 있다. 2009년부터는 일본 난민법, 대만 난민법, 몽골 공익소송법

위/ 2010년 4월 28일 동아시아 난민NGO 국제회의가 열렸다. '새로운 난민법 제정에 대한 시민사회의 주도적 역할'이라는 주제로 발표하고 있는 황필규 변호사.
아래/ 해외에 진출한 한국 기업이 인권 침해를 일으켜도 적절하고 체계적인 대처가 이뤄지지 못하고 있는 실정이다. 실태 파악과 대책 모색을 위해 필리핀 현지조사를 다녀왔다. 사진은 필리핀 선주민들과의 간담회에 참여한 황필규 변호사.



우리는 희망을 변론한다

제정 개정 작업과 관련해 직접 현지에 가서 자문 의견을 제시하기도 했다. 가장 기억에 남는 활동은 영국과 호주의 탈북자 난민 신청 사건과 관련해 탈북자의 난민의 지위에 관한 전문가 의견을 해당 법원에 제출했던 것이다. 탈북자의 한국 국적이 이들의 난민 지위를 부정하는 근거가 될 수 없다는 의견을 제시했다. 아직까지는 탈북자의 난민 지위를 부정하는 판례가 다수를 차지하고 있고 이러한 상황을 극복하기 위해 좀 더 많은 활동이 필요하다.

이제 시작이다. 국제 인권 활동이 필요한 영역은 쉽게 해결되기 힘든 국내 문제이거나 접근성이 떨어지는 타국의 문제 또는 국가 간의 복잡한 관계가 얽힌 문제이기 때문에 애초부터 큰 변화를 가져오기 힘들다. 그러나 초국가적 접근은 결국 모든 인권 문제를 궁극적으로 해결하기 위해 반드시 필요하고, 이에 대한 전문성은 인권 문제에 총체적으로 접근하는 지름길일 수 있다.

'국제인권변호사의 삶', 더디고 힘들어 보이지만 나는 이 삶이 참 좋다.

# 희망을 위한 변론은 현재진행형!

공감의 10년 활동을 책으로 엮는 일은 쉽지 않은 작업이었다. 그동안 출간 제안이 몇 번 들어왔지만 공감의 이름으로 책을 내기엔 아직 충분치 않다는 생각에 번번이 거절했었다. 하지만 어느덧 10주년을 맞이한 지금, 이제 공감의 가치와 이야기를 더 많은 사람들과 나누고 싶다는 바람에서 출판을 결심하게 되었다.

공감 내부적으로는 책을 집필하는 일이 10년의 활동을 매듭짓고, 미래를 전망하고, 계획을 세우는 과정이기도 했다. 지면의 한계로 담지 못한 이야기도 많지만, 공감의 지난날을 뒤돌아보면서 우리의 활동은 공감 '혼자'가 아니라 '함께'이기에 가능했음을 새삼 실감했다.

처음이었기 때문에 힘든 일도 많았다. "낮은 곳에 임하는 용기로 소외된 희망을 되살리겠습니다"라는 구인 공고를 보고 사법연수원을 갓 수료한 새내기 변호사들이 모여, 하나부터 열까지 새로운 일들을 만들어 가야 했다.

무엇보다 초기에 변호사 파견 사업을 나가 경험한 인권 현장과 그곳에서 만난 사람들을 통해 공감의 초심을 키워 나갈 수 있었다. 국제결혼 중개 시스템, 장애인시설, 용산참사, 여수외국인보호소 화재 사건 등 처절한 인권 유린의 현장에서부터 장애인차별금지법, 난민법 제정을 이끄는 등 승리의 경험까지, 희망을 보기도 하고 때로는 좌절도 하면서 사람들과 더불어 보낸 시간들은 공감의 원동력이 되었다.

무전유죄 유전무죄. 오랫동안 회자된 말이다. 여전히 일반 시민들은 법이나 변호사 하면 위축감을 느끼고 멀게 느낀다. 그러니 사회적 약자나 소수자들은 오죽할까. 2004년 공감이 처음 활동을 시작했을 때 냉소와 의심의 눈초리를 보내는 사람들도 있었다. 서운하기도 했지만, 세상이 변호사를 바라보는 눈이 그런 것을 어쩌겠는가. 시간을 두고 신뢰를 쌓아 가는 수밖에.

공감 변호사들은 꿋꿋하게 이주민, 장애인, 성소수자, 비정규직 노동자 등 수익이 되지 않아 변호사들이 외면했던 이들의 인권 문제를 찾아다녔다. 또 기존 변호사 업무 방식에서 탈피해 인권 실태조사 및 연구조사, 법제도 개선 활동 등 다양한 방식으로 사회 변화의 밑거름이 되고자 노력했다. 이러한 공익법 운동을 바깥으로 확산하기 위한 노력도 지속해 왔다. 그래서 공감이 활동을 시작한 10년 전보다, 공익 활동에 관심을 갖고 함께하는 사람들이 많아졌다는 사실은 희망적이다.


과연 법으로 희망을 변론할 수 있을까? 지금도 스스로에게 묻는 질문이다. 여전히 가야할 길이 멀다. 공감이 지향하는 사회 변화나 사회적 약자 및 소수자의 인권 보장은 여전히 더디기만 하다. 그리고 이제는 10년의 경험

　　　　　　　　　　　　　　　　　　　　　우리는 희망을 변론한다

이 있는 만큼 시민사회로부터 더 다양한 역할을 요구받고 있다. 그래서 공감은 오랜 준비 끝에 2012년 12월 '공익인권법재단 공감'이라는 이름으로 독립함과 동시에 새로운 도약과 변화를 모색하고 있다. 기존의 활동은 더 내실 있게 하고, 더 많은 인권 현장의 목소리를 듣고, 보다 다양한 방식으로 새로운 길을 만들어 가고자 한다.

공감의 '희망을 위한 변론'은 현재진행형이다.